ENCICLOPEDIA BRITANNICA

El GRAN libro de los GRANDES PORQUÉS

ENCICLOPEDIA BRITANNICA

El GRAN libro de los GRANDES PORQUÉS

Montena

Contenido

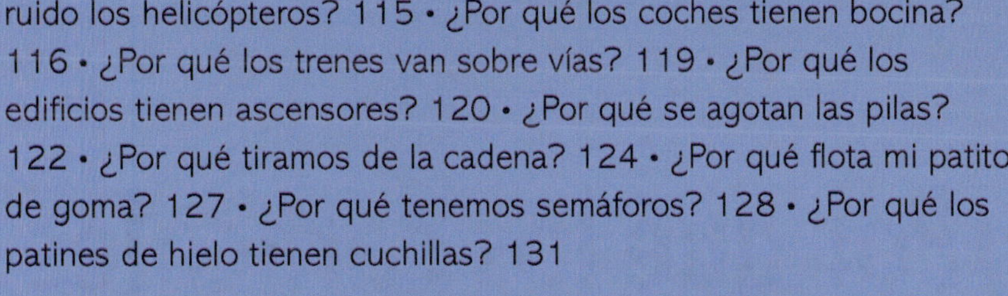

BICHOS

¿Por qué los caracoles tienen concha? Y más preguntas curiosas sobre los bicharracos

¿Por qué las hormigas viven juntas?

Las hormigas viven y trabajan juntas para ayudarse unas a otras a sobrevivir y a prosperar. A un nido de hormigas se lo llama colonia, y las hormigas hembra son sus encargadas. Cada una tiene su papel. La reina pone huevos, que a veces en una sola vida se cuentan por millones. Las obreras, que son todas hembras, encuentran comida, limpian y cuidan a las hormigas bebé. Cuando la colonia va creciendo, las obreras añaden todavía nuevos compartimentos al nido: guarderías, despensas... Incluso habitaciones para tomarse un merecido descanso.

Las hormigas rojas se unen para formar una balsa de salvamento con la que salvarse de la inundación.

Guardería en la que cuidar de los bebés hormiga

Espacio para sueñecito reparador

CuriosiDATOS
Las hormigas protegen a algunas plantas de las enfermedades, liberando una sustancia que mata a los microbios. Los científicos todavía no están muy seguros de cómo funciona esta medicina especial de las hormigas.
Despensa de las hormigas, donde se guarda la comida
Habitación de la reina
Excavación de nuevas habitaciones

¿Por qué las arañas tejen telarañas?

Muchas arañas tejen telarañas para atrapar su comida. Las hacen en lugares llenos de deliciosos insectos volando por allí. Tan pronto como el insecto queda enredado, la araña correrá a inyectarle un veneno especial que hace que la presa deje de moverse. Luego la araña envuelve su comida con más hilo, y la deja lista para comer más tarde.

¡QUÉ LOCURA!

Algunas arañas usan su hilo para volar, como si fueran en globo. Sueltan hilo que el viento atrapa y transporta así a la araña allí donde sople.

Las arañas usan las patas traseras para ir sacando el hilo de orificios especiales en su parte inferior llamados hileras.

¿Por qué a las moscas les gusta la caca?

¡A las moscas les gusta la caca porque a ellas les parece que está buenísima! Las moscas sienten las cosas por las patas. Se arrastran por todo lo apestoso y escupen sustancias químicas especiales que transforman la caca en jugo. Luego las moscas sorben el jugo con sus bocas en forma de pajita. ¡Slurp! También dejan sus huevos en la caca, para que sus bebés puedan disponer de todo el alimento que necesitan.

¡QUÉ LOCURA!

A las moscas les gusta comer caca, y también hacen un montón de caca. Sueltan una cada cuatro o cinco minutos.

Los bebés mosca son unas larvas llamadas cresas. En una o dos semanas se convierten en moscas.

Las moscas tienen dos ojos enormes que pueden ver casi todo a su alrededor.

¿Por qué las abejas hacen miel?

Las abejas pasan los meses de verano recolectando dulce néctar de las flores que luego guardan en los panales, dentro de sus colmenas. Cuando llega el invierno, el néctar líquido se ha convertido en miel. Las abejas necesitan esta miel para disponer de alimento cuando hace frío en el exterior. En la colmena, las abejas se comen la miel y permanecen juntas para mantenerse calentitas. En invierno, ¡es el alimento más indicado para las abejas hambrientas!

¡QUÉ LOCURA!

Al antiguo rey de Egipto Tutankamón lo enterraron con un tarro de miel. Cuando se descubrió su tumba tres mil años más tarde, ¡la miel todavía se podía comer!

Las abejas tienen que visitar unos dos millones de flores para fabricar la miel suficiente para llenar un tarro.

Una colonia de abejas fabrica mucha más miel de la que necesita para pasar el invierno. Los apicultores pueden cosechar la miel sobrante sin que las abejas pasen hambre.

¿Por qué las orugas forman crisálidas?

Una oruga es una mariposa joven. Pasa la mayor parte del tiempo comiendo y creciendo. Un día, la oruga para de comer, encuentra un lugar seguro en el que colgarse y forma una crisálida. Ahí dentro, la oruga se convertirá en mariposa.

Cuando está lista para convertirse en adulta, la oronda oruga se cuelga bajo una rama o una hoja.

Primero por la cabeza, la piel rayada de la oruga se contrae hacia arriba y debajo revela una crisálida brillante.

La piel cae al suelo, y la tierna crisálida se endurece para proteger a la oruga.

CuriosiDATOS

Los científicos han descubierto orugas a las que les gusta comer bolsas de plástico. ¡No pueden entender cómo son capaces de digerirlas!

Dentro de su crisálida protectora, el cuerpo de la oruga se disuelve en un líquido espeso.

Al cabo de una semana, la sopa de oruga se convierte en una mariposa.

La mariposa se abre camino fuera de la crisálida y sale volando.

¡QUÉ LOCURA!

¡Algunas especies de caracoles emplean sus conchas para golpear a sus enemigos!

Los órganos de un caracol quedan protegidos por su concha.

La concha enroscada de un caracol crece con él.

¿Por qué los caracoles tienen concha?

Los caracoles son muy muy lentos. No pueden correr más que sus enemigos, pero lo que sí pueden hacer es desaparecer... ¡en sus conchas! La dura concha de un caracol actúa como una armadura contra depredadores más grandes que picotean. Las conchas también ayudan a los caracoles a protegerse de la congelación o de la sequedad en tiempo extremo. Algunos caracoles hibernan aislándose en sus conchas con una buena capa de mocos.

Si criaturas pequeñas como las hormigas intentan invadir su casa, los caracoles sueltan una espuma burbujeante para pararles los pies.

¿Por qué pican los mosquitos?

Solo pican las hembras y solo cuando están criando. Las futuras mamás beben sangre para que se desarrollen sus huevos. Pero las señoras mosquitas no muerden. En lugar de eso, usan el extremo afilado de sus bocas como tubos para atravesarnos la piel y luego extraen un buen trago.

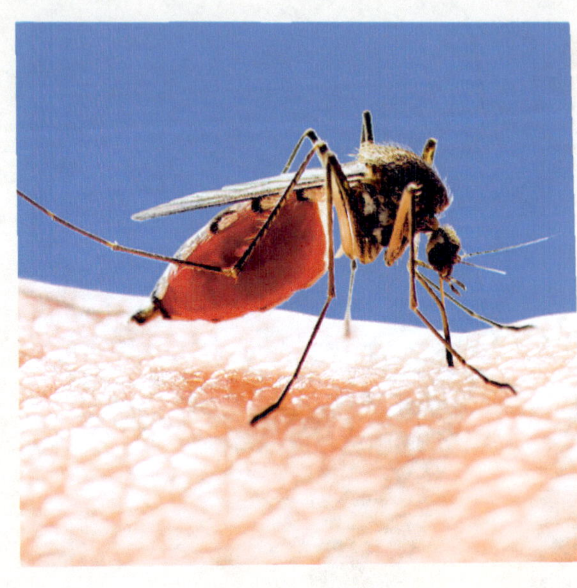

La tripa de los mosquitos crece y se hace roja a medida que beben.

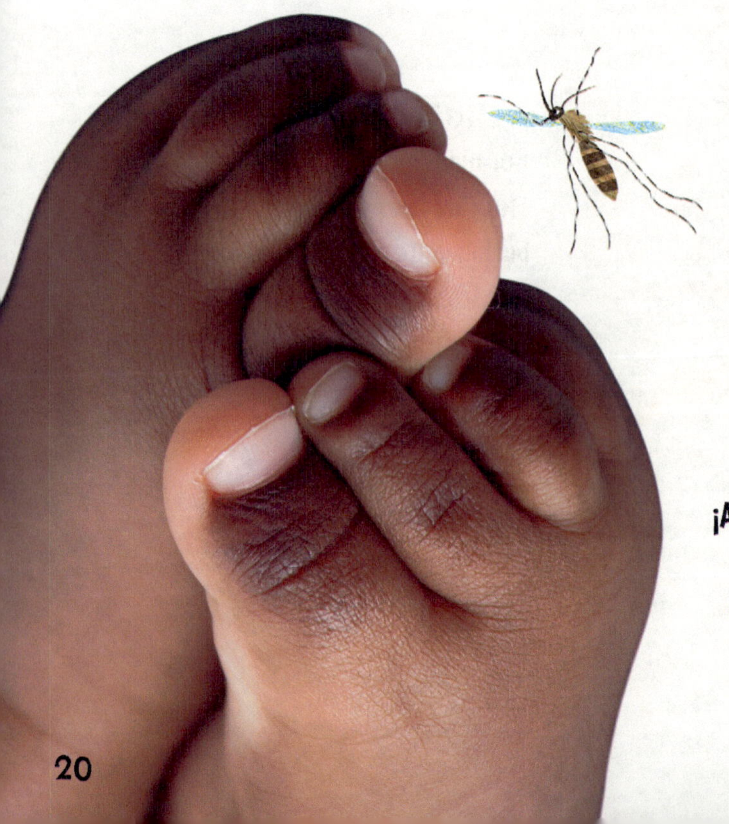

¡A los mosquitos les gustan los pies! Les encanta el olor a sudor y bacterias, y eso hace de los pies el paraíso de los chupasangres.

¡QUÉ LOCURA!
Un mosquito puede beber sangre hasta tres veces su peso.

¡QUÉ LOCURA!

No todas las luciérnagas brillan. Muchas especies lo que hacen es soltar olores para atraer a un macho.

¿Por qué brillan las luciérnagas?

Las luciérnagas salen en las noches de verano y encienden sus traseros para localizarse unas a otras. La cosa funciona así: cuando vuela, una luciérnaga macho enciende y apaga lo que sería como una pequeña linterna con la esperanza de gustarle a alguna hembra. Si a una hembra le gusta el parpadeo, ella también se encenderá como respuesta.

Cada especie de luciérnaga tiene un parpadeo único que atrae solo a las de su clase. Los brillos pueden ser de color amarillo, verde, naranja... ¡incluso azul!

MASCOTAS

¿Por qué ronronean los gatos? Y más preguntas curiosas sobre nuestros amigos animales.

¿Por qué los perros se huelen el culo los unos a los otros?

El sentido del olfato de un perro es 100.000 veces mejor que el de un humano. Los perros usan sus narices para explorar. Una olfateada con su supernariz le da al perro un montón de información. Oliendo, un perro sabe lo viejo, lo sano y lo simpático que es el otro perro. Así que, cuando un perro le huele el culo a otro, está haciendo amigos. ¡Los perros se dicen hola olisqueándose!

¡QUÉ LOCURA!

Un perro puede detectar dos olores distintos a la vez, uno con cada orificio nasal.

Las narices de los perros tienen células detectoras de olores. Los perros con narices más largas tienen más células de este tipo, así que son mejores oledores que los de morro corto.

Los gatos ronronean cuando
inspiran y cuando expiran.

¿Por qué ronronean los gatos?

CuriosiDATOS

Lo normal es que un gato deje de ronronear al oír correr el agua. Nadie sabe por qué.

Los gatos ronronean cuando los músculos de su laringe se mueven deprisa y hacen que el diafragma —un músculo en la base del pecho— se mueva. Cuando un gato respira, el aire toca estos músculos en movimiento y surge el ronroneo. Los gatos ronronean por muchos motivos. Cuando se sienten felices lo hacen, pero también cuando están preocupados o cuando lo pasan mal. Algunos gatos incluso mezclan ronroneo y maullido para decirte que tienen hambre.

Las gatas mamás ronronean cuando dan a luz. Los gatitos ni ven ni oyen, pero sí sienten el ronroneo de mamá. Para contestar, ellos también ronronean.

CuriosiDATOS
Los expertos no se ponen de acuerdo sobre cuándo empezaron los humanos a capturar conejos silvestres. Las primeras jaulas de conejos que se han descubierto tienen 2.000 años.
Los conejos pueden dar un giro casi completo a sus orejas.

¿Por qué los conejos tienen las orejas tan grandes?

Las orejas de los conejos sirven para mucho más que para oír a los amigos conejo o a los depredadores no tan amigos: ¡sirven para mantenerlos frescos! Los conejos no pueden sudar, de manera que cuando ese cuerpo tan peludo se calienta, sueltan el exceso de calor a través de sus orejas. La gran superficie de las orejas ofrece más sitio para que el calor se libere. Por eso los conejos que viven en lugares calurosos son los que suelen tener orejas más grandes.

Los conejos «lop» tienen las orejas caídas. No oyen tan bien como sus amigos de orejas enhiestas.

¿Por qué las tortugas caminan tan despacio?

Las tortugas no suelen tener prisa. ¿Por qué iban a tenerla? Su comida no corre (las plantas no tienen patas) y los depredadores no les preocupan al disponer de una protección tan dura como la piedra. De hecho las tortugas utilizan poco sus gordas patas. Prefieren deslizarse hacia delante, empujando con las patas traseras.

La columna vertebral está unida al caparazón.
¡QUÉ LOCURA!
No solo les pesa el caparazón: la ENORME vejiga de una tortuga puede contener tanta orina como para que represente la mitad de su peso corporal.
La vida de las tortugas es larga: ¡de 90 a 150 años!

CuriosiDATOS

Los hámsteres dorados son la variedad más habitual en los hogares, pero en estado silvestre son cada vez más raros. Los científicos no saben cuántos quedan en su arenosa región original, cerca de la ciudad siria de Alepo.

¿Por qué los hámsteres arman tanto jaleo por la noche?

Los hámsteres son nocturnos, lo que significa que duermen durante el día y de noche salen de expedición. Los silvestres viven en lugares demasiado calurosos para salir de día. Duermen en la madriguera para librarse del sol ardiente y así también evitan que se los coman los voraces depredadores.

Los hámsteres usan los bolsillos flexibles de sus mejillas para volver al nido con comida. Se llaman abazones. Algunas veces también sirven para transportar a los pequeños, o para llenarlos de aire y así flotar en el agua.

¿Por qué los animales no pueden hablarnos?

Solo los humanos pueden hablar con lenguas humanas, pero ciertas mascotas sí que entienden algunas palabras humanas. Los animales sobre todo se comunican utilizando sonidos, lenguaje corporal y olores. Los perros ladran y menean la cola para llamar nuestra atención. Los gatos maúllan y ronronean cuando quieren comer, ¡y los cobayas dicen «cui» y dan saltitos cuando se emocionan!

Alex, un loro gris africano, aprendió a decir más de 100 palabras. Reconocía algunos colores y formas y sabía hasta contar.

¡AUUUUUUU!
¡QUÉ LOCURA!
La mayoría de perros pueden entender más de 150 palabras, lo mismo que un humano de dos años.

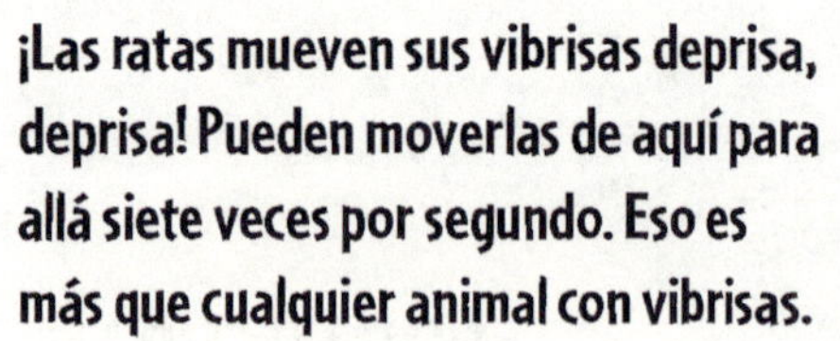
¡Las ratas mueven sus vibrisas deprisa, deprisa! Pueden moverlas de aquí para allá siete veces por segundo. Eso es más que cualquier animal con vibrisas.

¡QUÉ LOCURA!

Los humanos son una de las raras criaturas de sangre caliente que no disponen de vibrisas.

¿Por qué algunos animales tienen vibrisas?

Las vibrisas o bigotes son pelos largos, gruesos y muy activos que sobresalen de las narices y bocas de algunos animales. Los animales usan sus vibrisas como nosotros usamos las manos y dedos: para tocar y explorar el entorno. Para explorar el mundo, las ratas dependen de sus vibrisas tan sensibles más que de los ojos, y las avanzan y retraen sin parar.

Esos pelos tan largos sobre los ojos de los gatos son en realidad vibrisas. Y también las tienen en la parte de atrás de las patas delanteras.

¿Por qué los gatos se lamen?

Los gatos adultos pueden pasarse la mitad del rato que están despiertos lamiéndose el pelaje con sus lenguas rasposas. Las lenguas de los gatos están cubiertas por miles de pequeños pinchos ganchudos llamados papilas. Actúan como un peine muy fino para quitar la suciedad, los pelos sueltos e insectos molestos como las pulgas. Al lamerse también extienden la grasa corporal, con lo que mantienen el pelaje brillante y lo sellan contra el tiempo frío y húmedo.

¡QUÉ LOCURA!

Los gatos se dan una buena sesión de lametazos después de comer para librarse de los olores de la comida. Libres de olores, pueden buscar a sus presas sin que estas los detecten.

Los gatos lamen a sus amigos gatunos para mostrarles afecto. Si el amigo humano les gusta lo suficiente, incluso pueden llegar a lamerlo también.

¿Por qué los jerbos mastican cartón?

Los jerbos tienen dientes delanteros que no dejan de crecer nunca. Tienen que roer y roer para desgastarlos. En libertad, los jerbos mastican raíces, pero si son mascotas muerden cosas de la casa como las cajas de los huevos o los rollos de papel. Los rollos de cartón sirven también como túneles divertidos con los que jugar, y una vez bien triturados les sirven como camas.

Jerbos, cobayas, hámsteres, ratones y ratas: todos son roedores.

¡QUÉ LOCURA!

Los dientes del jerbo son duros como el hierro, y es algo necesario, porque en libertad los jerbos los utilizan para morder a los enemigos, abrir cascarones duros y desmenuzar madera con la que prepararse camas.

Las herraduras tienen forma de U para adaptarse bien al casco del caballo.

¿Por qué los caballos necesitan herraduras?

Los cascos de los caballos son gruesos, y siempre están creciendo. Trotar sobre superficies duras gasta los cascos más rápido de lo que crecen, así que los caballos necesitan unos refuerzos especiales para protegerse los pies. Las herraduras son de hierro y las hace el herrero, quien se encarga de clavarlas a los cascos de los caballos. ¡Pero no te preocupes, que eso no les duele!

¡QUÉ LOCURA!

Hace unos 2.000 años, los romanos hacían unas herraduras de cuero y hierro llamadas hiposandalias para proteger los cascos de sus caballos.

El hierro de las hiposandalias rodeaba el casco, y lo ataban con tiras de cuero.

ANIMALES SALVAJES

¿Por qué las jirafas tienen el cuello largo? Y más preguntas curiosas sobre criaturas interesantes.

¿Por qué croan las ranas?

Las responsables de todo el jaleo son las ranas macho. Croan para atraer a las hembras y para mantener alejados a otros machos. Algunas ranas croan para asustar a sus enemigos si se las ataca. Y también croan para advertir de algún peligro a sus amigos rana. Las hembras son apasionadas del croar de los machos. Incluso se suman a los coros y le cantan a aquel macho cuyo croar aprecian en especial.

¡QUÉ LOCURA!

El coquí de Puerto Rico es tan pequeño como una avellana, ¡y hace tanto ruido como un robot de cocina!

Esta rana arborícola macho por la noche croa canciones de amor.

La mayoría de ranas tienen sacos vocales hinchables bajo la boca que pueden llenar de aire para que el croar sea más fuerte.

¡QUÉ LOCURA!
¡Los tiburones no necesitan dentífrico! El exterior de sus dientes es de fluoruro, un mineral que ayuda a mantenerlos fuertes.

¿Por qué los tiburones tienen tantos dientes?

Los tiburones no serían tan poderosos sin sus dientes. Los necesitan para desgarrar la carne de los peces. Pero los dientes de tiburón son bastante inestables, y con tanto desgarre pierden unos cuantos dientes con cada comida... Aunque eso no es ningún problema. Los tiburones disponen de 15 a 50 hileras de dientes dispuestos en capas. Cuando un diente cede, el siguiente simplemente se desliza para sustituirlo. A lo largo de su vida, un tiburón perderá y volverá a recuperar unos 20.000 dientes.

Un tiburón toro como este puede tener hasta 350 dientes.

Los dientes de un tiburón se disponen en capas dentro de sus grandes fauces.

¿Por qué los cocodrilos tienen tantos bultos en la piel?

La piel de los cocodrilos es muy resistente, como una armadura: los protege de los mordiscos de los enemigos y evita que se sequen. Pero eso no es todo. Si los miramos de cerca veremos que tienen millares de bultitos oscuros en su piel grumosa. Esos bultos son incluso más sensibles que las yemas de nuestros dedos. En el agua, el cocodrilo puede detectar las vibraciones de un ñu que bebe a 20 metros.

¡QUÉ LOCURA!

A pesar de las apariencias, los cocodrilos también tienen su corazoncito. A veces se rozan unos a otros con cariño.

Los osteodermos son placas óseas que se encuentran entre las escamas de los cocodrilos y por debajo de ellas.

El pulpo gigante del Pacífico
¡tiene más de 2.200 ventosas!

¿Por qué los pulpos tienen ventosas en los tentáculos?

Los ocho tentáculos largos y flexibles están llenos de ventosas que pueden tocar, saborear y oler. Las ventosas también ayudan a asir presas y a agarrarse a las superficies. Y como cada uno de estos brazos tan sensibles dispone de un cerebro propio, puede actuar con independencia. Así, mientras dos brazos se encargan de avanzar por el lecho marino, los otros pueden estar buscando comida en las hendiduras de las rocas.

CuriosiDATOS

Si se sienten amenazados, los pulpos pueden cambiar de color para confundirse con el entorno. Pero los científicos creen que los pulpos no distinguen el color con sus ojos, así que no comprenden muy bien cómo saben estas criaturas a qué color cambiar.

¿Por qué los elefantes tienen trompa?

Un elefante necesita la trompa para un montón de cosas. Con esta increíble herramienta pendular agarra, respira, huele, chupa, riega, toca... ¡e incluso barrita! Pero el principal cometido de una trompa es comer y beber. Inclinarse o levantarse no es tan fácil con un cuerpo enorme y pesado. De modo que los elefantes usan sus ágiles trompas para recolectar comida y sorber agua que luego colocan o proyectan en la boca.

¡QUÉ LOCURA!

Los elefantes africanos tienen dos «dedos» en el extremo de sus trompas que les permiten recoger pequeños objetos. Así incluso pueden abrir cacahuetes, por ejemplo.

Con su «supernapia» el elefante puede oler el agua hasta a 19 kilómetros de distancia.

La trompa también les sirve de tubo de esnórquel.

Las crías permanecen en el marsupio de la madre durante cuatro meses antes de su primer salto por el exterior. Tienen unos diez meses cuando lo abandonan para siempre.

¡QUÉ LOCURA!

Los recién nacidos hacen caca y pipí en la bolsa, de modo que la madre tiene que lamerla a menudo para mantenerla limpia.

¿Por qué los canguros tienen marsupio?

Solo los canguros hembra tienen marsupio. Esta bolsa es un lugar seguro y acogedor para el bebé canguro. Cuando nacen, los canguros son ciegos y parecen gominolas rosas con patas. Tras el parto, el pequeñísimo canguro trepa hasta la bolsa de su mamá y se mete dentro. Allí bebe su leche, crece y se hace fuerte y saltarín.

El canguro nace tras desarrollarse durante unos 35 días en el útero de su mamá.

Las patas anteriores de la cría tienen la fuerza justa para que pueda trepar por el pelaje de la madre hasta el refugio de su marsupio.

Allí se prepara para beber la leche materna. Los recién nacidos no pueden tragar, así que la madre usa sus músculos para proyectar la leche en la garganta de la cría.

¿Por qué sacan la lengua las serpientes?

La serpiente huele cosas con la boca. Para hacerlo, saca y mete la lengua bífida. La lengua recoge olores del aire de alrededor. Luego la serpiente presiona la lengua contra un lugar supersensible del interior de la boca que absorbe los olores. Así la serpiente puede decidir si lo que está por ahí es un enemigo, una presa o un amigo.

CuriosiDATOS

Los científicos han descubierto que también los humanos detectan olores con sus lenguas. Siguen investigando cómo este olfato lingual puede influir en nuestro sentido del gusto.

La serpiente capta olores en ambos lados de su lengua bífida. Si un lado capta más, de ahí es de donde procede el olor.

Las serpientes sacan la lengua por una pequeña hendidura de sus labios.

¿Por qué las ardillas entierran frutos?

En invierno cuesta encontrar comida, de modo que las ardillas se preparan enterrando su comida bajo las hojas o en agujeros de los árboles. Luego recuerdan esos escondrijos y vuelven para rescatar sus tesoros nutritivos cuando tienen hambre. Algunas bellotas olvidadas podrán así convertirse en árboles.

Las ardillas pueden oler la comida bajo 30 centímetros de nieve. Cavan y cavan, siguiendo el olor, hasta que la encuentran.

¿Por qué las jirafas tienen el cuello largo?

El cuello largo permite a la jirafa alcanzar hojas en los árboles altos a los que las criaturas más bajas no llegan. Esto significa que las jirafas no tienen que competir con otros animales por la comida en los pastizales que habita. Otra gran ventaja de tener la cabeza y los hombros por encima de los demás es que las jirafas pueden ver llegar a los depredadores desde muy lejos.

Las jirafas se desplazan en grupos. Son sociables y no suelen temer al hombre.

El cuello de una jirafa mide más o menos lo mismo que sus patas.

CuriosiDATOS

No lo sabemos seguro, pero algunos científicos creen que el largo cuello de las jirafas las ayuda a mantenerse frescas, pues permite que el calor se escape del cuerpo.

Los pingüinos tienen grasa y capas de plumas especiales para mantenerlos calientes en el agua helada.

Cuando los pingüinos nadan, parece un poco como si volaran... bajo el agua.

¿Por qué no pueden volar los pingüinos?

Los pingüinos no están hechos para volar. Sus alas son demasiado rígidas y gordas, y sus cuerpos son muy pesados. Pero el hecho de ser tan robustos y lisos, con alas como aletas de pez, los hace óptimos para otra cosa: ¡para nadar! En realidad, los pingüinos se pasan la mayor parte de la vida en el agua, porque es ahí donde vive su comida. Es el ave que nada más rápido y que se sumerge más, lo que los convierte en asombrosos cazadores.

¡QUÉ LOCURA!

El pingüino saltarrocas se pasa tanto tiempo en el agua que a algunos se les han encontrado percebes como estos creciéndoles en las plumas.

EL CUERPO

¿Por qué la música me hace bailar? Y más preguntas curiosas sobre el cuerpo humano.

¿Por qué bostezo?

Todos bostezamos, pero ¿por qué? Bostezamos cuando nos levantamos, cuando nos aburrimos o nos preocupamos, o sobre todo cuando sentimos cansaaaaancio. Algunos científicos creen que porque necesitamos más aire, o porque los pulmones también requieren estiramientos. Según otros, los bostezos relajan o nos hacen estar más concentrados. Solo una cosa es segura: una vez que alguien bosteza, resulta imposible no hacer lo mismo.

Las personas bostezan unas veinte veces al día. Cada supersuspiro de estiramiento facial dura unos seis segundos.

Una vez empiezas a bostezar, resulta muy difícil parar.

¡QUÉ LOCURA!

Los animales también bostezan. Los perros suelen contagiarse si ven que su amo lo hace.

Los niños tienen unas 10.000 papilas gustativas en su lengua.

¿Por qué siempre tengo la boca mojada?

Esa sustancia acuosa en tu boca se llama saliva. Cuando masticas la saliva ayuda a convertir los alimentos en una pulpa blanda y fácil de tragar. Cuando tú ves, hueles o incluso piensas en comida sabrosa, el cerebro le envía una señal a tu boca para que suelte la saliva, ¡y así ya puedes comer!

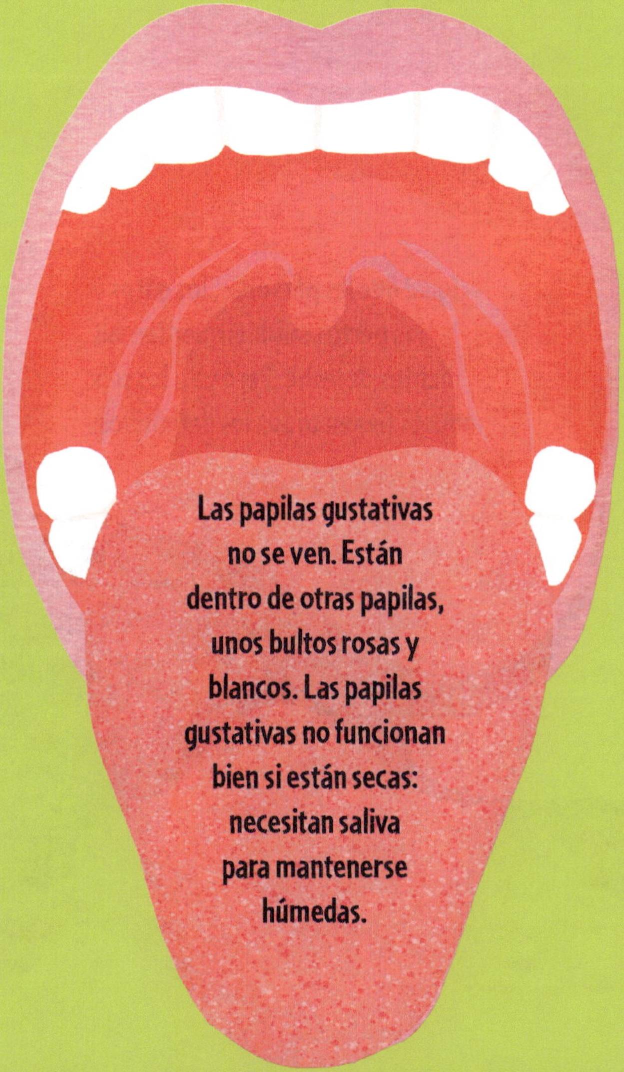

¡QUÉ LOCURA!

En nuestra boca se genera más de un litro de saliva al día. Eso es el equivalente a cuatro tazas.

Las papilas gustativas no se ven. Están dentro de otras papilas, unos bultos rosas y blancos. Las papilas gustativas no funcionan bien si están secas: necesitan saliva para mantenerse húmedas.

¿Por qué me bailan los dientes?

Necesitas los dientes para morder y mascar comida. De bebé solo tienes sitio para 20 dientes de leche. Cuando ya tienes seis años, esos dientes empiezan a bailar y al final se caen. Los empujan otros dientes más grandes que crecen dentro. Cuando seas una persona adulta tendrás, en principio, 32 grandes piezas.

¡QUÉ LOCURA!

Los dientes empiezan a crecer incluso antes de que nazcas. Van asomando bajo la superficie de esas encías de bebé.

Igual que las personas, los gatos y los perros también pierden sus dientes de leche. Pero ya a los seis meses tienen todos los definitivos.

¿Por qué algunas cosas me hacen llorar?

Lloramos por tristeza, o dolor, o de pura alegría. Los sentimientos fuertes activan una orden del cerebro a los ojos para que produzcan lágrimas. Los científicos creen que llorar indica que necesitamos ayuda. Las lágrimas también mantienen los ojos limpios y saludables, al arrastrar la suciedad cuando pestañeamos. La mayoría de animales terrestres producen lágrimas por este motivo, pero solamente los humanos lloramos.

CuriosiDATOS

Se ha observado que algunas mariposas de la selva amazónica beben las lágrimas de los pájaros. Los expertos no saben muy bien por qué lo hacen.

Los bebés lloran para llamar la atención. Puede ser que necesiten un pañal limpio, o comida, o incluso un mimo.

Por mucho
que lloremos,
¡nunca nos
quedaremos
sin lágrimas!

Si te despiertas en pleno sueño, es más probable que lo recuerdes.

¿Por qué sueño?

Tal vez no recuerdes tus sueños, pero tienes hasta siete cada noche. Los científicos no coinciden en por qué soñamos. Creen que el cerebro los usa para procesar toda la información que ha obtenido a lo largo del día. Sentimientos de alegría, preocupaciones, cosas que hemos visto, oído, tocado, probado y olido, se ordenan. Cuando así ocurre, el cerebro forma imágenes e historias con ese material.

CuriosiDATOS

Los perros a menudo gimen y mueven las patas cuando tienen sueños perrunos. Los científicos creen que los animales sueñan sobre sus actividades diarias, pero no están del todo seguros.

¡QUÉ LOCURA!
La piel es el órgano más grande del cuerpo. Cubre y protege todo lo que contiene.

¿Por qué la piel es de diferentes colores?

La piel humana produce melanina, una sustancia que protege la piel del sol. Cuanta más melanina tengas, más oscura es la piel. Diferentes cantidades de melanina en la piel producen una gama de asombrosos colores.

¿Por qué es necesario que me cepille los dientes?

¿Sabías que tus dientes son fuertes como los de un tiburón, y que puedes conservarlos así de fuertes si te los cepillas? Cuando comes, quedan en la boca trocitos de comida. Estos restos generan una placa transparente que se pega a los dientes. Los gérmenes que contiene pueden estropear los dientes. Al cepillártelos los limpias de comida y de placa, ¡y los mantienes sanísimos!

¡QUÉ LOCURA!

El chorlito se encarga de limpiarle los dientes a los cocodrilos. Estos pájaros extraen con el pico trozos de carne que han quedado entre los dientes.

La parte de los dientes que ves se llama corona. El resto queda debajo de las encías.

CuriosiDATOS

Los niños más pequeños responden a la música mejor que a las palabras. Los científicos no entienden muy bien por qué, pero tal vez los humanos nazcan con un deseo innato de bailar.

¿Por qué la música me hace bailar?

Cuando oímos música, tiene un poderoso efecto, tanto en el cerebro como en las emociones. Una melodía con un ritmo rápido y fuerte enciende la parte del cerebro que te ayuda a bailar. ¿No tienes ganas de mover los pies y de contonear las caderas? ¡Claro! ¿Y sabes qué? ¡Bailar hace que tu cerebro suelte sustancias químicas que te hacen sentir feliz!

Los humanos llevan creando música desde hace miles de años. Estas flautas están hechas de huesos de pájaro. Las tallaron hace más de 8.000 años, y todavía suenan.

CuriosiDATOS

La mayoría de hipos se pasan en unos cuantos minutos. Si no es así, la gente suele contener la respiración por unos segundos. Los científicos no saben por qué, pero con este truco a veces se pasa el hipo.

¿Por qué me da el hipo?

Puedes tener hipo si comes o bebes algo demasiado rápido. Pasar muchos nervios o tener un ataque de risa también pueden ser impulsores. Son cosas que perturban un músculo en forma de cúpula en la parte inferior del pecho llamado diafragma. El diafragma ayuda a inspirar y expirar. Normalmente funciona muy bien, pero cuando se irrita hace que respires a pequeñas bocanadas. Y cuando entra el aire, te da el hipo.

La palabra «hipo» suena como el ruido que hace, ¿verdad? Es divertido decirlo en otras lenguas: *hiccup* en inglés, *hoquet* en francés, *hikke* en noruego, *hazuq* en árabe y *hiksti* en islandés.

¿Por qué hay quien tiene el pelo rizado mientras que otros lo tienen liso?

Como una planta, cada uno de los pelos tiene una raíz. No la puedes ver porque está debajo de la piel, en un pequeño tubo llamado folículo. El pelo crece folículo arriba y afuera a través de la piel en donde puedes verlo. Los folículos tienen diferentes formas. Que tengas el pelo rizado, liso u ondulado depende de la forma de tus folículos.

¡QUÉ LOCURA!

Los pelos no pueden sentir dolor ni nada parecido, porque no disponen de nervios, las células que transmiten el sentido del tacto.

Un folículo está vacío, como una pajita de refresco. Si miras un folículo desde arriba puedes ver su forma. Y la forma determina que tengas el pelo rizado, liso u ondulado.

El pelo rizado proviene de un folículo de forma oval.

El pelo liso proviene de un folículo redondo.

El pelo ondulado proviene de un folículo aplastado por un lado.

COMIDA

¿Por qué los pasteles suben en el horno? Y más preguntas curiosas sobre lo que comemos.

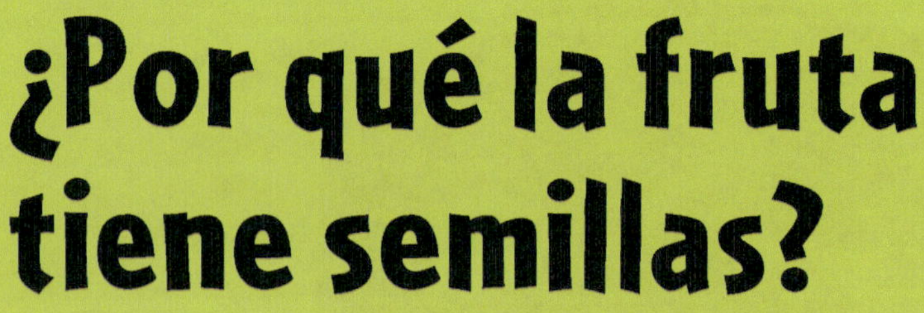

¿Por qué la fruta tiene semillas?

¡QUÉ LOCURA!

Si te fijas, los duraznos tienen forma de dónut.

Las frutas se presentan en bonitos colores y formas, y son deliciosas. Las semillas de muchas plantas se encuentran en el interior de frutos apetitosos y llamativos. Cuando un pájaro u otro animal se come el fruto, las semillas pasan por su cuerpo. Como el animal se desplaza, las semillas se van extendiendo con los excrementos... Con la caca, vaya. Esto ayuda a que nuevos frutales crezcan aquí y allá.

Algunas granadas tienen más de 1.000 semillas.
¿Cómo se llama la sandía en inglés?
Watermelon, «melón de agua».

A los chimpancés les encanta la miel. Se suben a árboles muy altos para llegar a los panales.

¿Por qué me gustan las cosas dulces?

¡QUÉ LOCURA!

La mayor parte de las papilas gustativas se encuentran en la lengua, pero también las hay en el paladar y en la parte posterior de la garganta.

A la mayoría de la gente le gustan las cosas dulces, y a muchos animales les ocurre lo mismo. Eso es porque antes incluso de que los humanos existieran, las únicas cosas dulces que había eran la fruta madura y la miel. La dulzura era una señal de comida buena y nutritiva. Ahora los humanos fabricamos dulces que no son para nada nutritivos, pero el gusto por lo dulce nos pierde.

¿Por qué se enmohece la comida?

Si olvidas las sobras de alguna comida en la nevera, o dejas el pan en su bolsa durante días y días... ¡Vaya! Un día verás que la comida está cubierta por una pelusa. Eso es moho. Proviene de unas partículas llamadas esporas que flotan por el aire. Cuando aterrizan en la comida, crecen. Se alimentan de tus sobras y se extienden.

CuriosiDATOS

Una sola cucharada de tierra puede contener miles de mohos diferentes. Los científicos todavía no han descubierto la mayoría de mohos que nos rodean.

Si utilizas un microscopio, el moho se convertirá en un bosquecillo.

Te puede parecer que el moho es asqueroso en tu rebanada, pero en la naturaleza es de gran ayuda para el planeta. Lo descompone todo, desde los residuos alimenticios hasta las plantas muertas.

¿Por qué cortar cebolla me hace llorar?

Cortar cebolla te hace llorar porque las cebollas utilizan la autodefensa. Cuando se daña cualquier vegetal —por los dientes de algún animal hambriento o por el cuchillo de un humano hambriento— sus células se desgarran. Muchas plantas contienen sustancias amargantes para intentar disuadir a las criaturas de comerlas. Las cebollas van más allá, y liberan una sustancia que irrita los ojos y hace llorar.

La cebolla más grande jamás cultivada pesaba más que una bola de bolos.

¡QUÉ LOCURA!
Si te pones gafas de nadar, evitarás que la cebolla te haga llorar. Esas gafas evitan que los vapores de la cebolla se te metan en los ojos.

¿Por qué pican los chiles?

Te lloran los ojos, la nariz te gotea, te pones a sudar y te parece que tienes fuego en la boca. ¡Seguro que estás comiendo chiles! Sí, algunos pueden hacer que sientas un calor abrasador en la boca. Esto lo provoca una sustancia llamada capsaicina, que activa las áreas de la lengua que normalmente sienten el calor. Por eso llega una alerta al cerebro y hace que creamos que esas zonas arden.

Algunos chiles parece que lleven una boina puesta.

Las partes blandas y blancas del interior de un chile son las más picantes.

Según el *Libro Guinness de los Récords*, el chile más picante se llama Carolina Reaper.

¡QUÉ LOCURA!
A los pájaros no les afecta el picante de los chiles. Los papagayos comen todo tipo de chiles enteritos... ¡y no sudan ni gota!

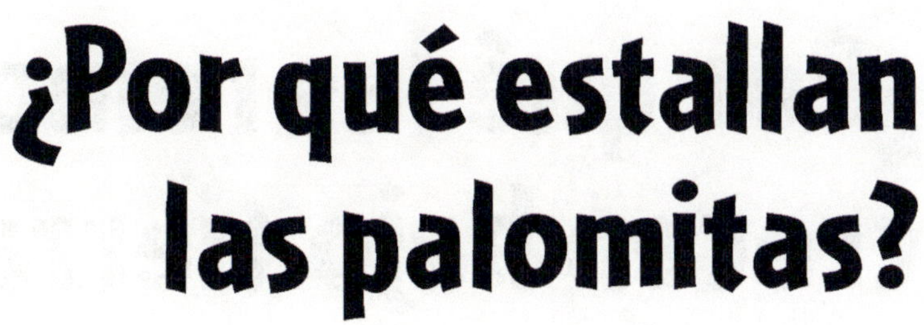

¿Por qué estallan las palomitas?

Las palomitas son primero un grano duro y se convierten en una flor blandita.

Dentro de cada grano de maíz hay un poco de agua rodeada por una capa dura, la cáscara. Si este grano se calienta hasta una temperatura lo bastante alta, el agua se convertirá en vapor. Y como no tiene adónde ir, el vapor va acumulando presión hasta romper la cáscara. Y entonces, pum, estalla el grano y libera su esponjoso interior.

¡QUÉ LOCURA!

El binturong o manturón es un animal que huele a palomita caliente. Vive en los bosques de algunas partes de Asia.

¿Por qué las remolachas crecen bajo tierra?

Comemos partes diferentes de plantas distintas. Si comemos lechuga, comemos hojas. Pero si comemos remolacha, o zanahorias, o rábanos, nos comemos las raíces. Las raíces sostienen a la planta en la tierra y permiten que crezca hacia el sol. Las raíces también absorben el agua y los nutrientes de la tierra y los llevan al resto de la planta.

Las remolachas pueden ser de diferentes colores, incluidos el rojo, el morado, el naranja y el amarillo. Las remolachas dulces tienen rayas rojas y blancas.

¡QUÉ LOCURA!
Si comes remolacha, ¡puede que el pis te salga rosa!

Cada ingrediente de un pastel tiene su función. Por eso es importante seguir la receta con exactitud.

¿Por qué los pasteles suben en el horno?

Cuando mezclas mantequilla, azúcar, huevo y harina para hacer un pastel, atrapas burbujitas de aire en la masa. Al añadir levadura le añades todavía más burbujas. Cuando pones el pastel en el horno, el calor consigue que las burbujas crezcan. Y eso hace que el pastel suba.

¡QUÉ LOCURA!

El pastel más alto del mundo lo cocinaron en Yakarta, Indonesia, en 2008. Era tan alto como una ballena azul en pie sobre su cola.

Cuando cortas un pastel, puedes ver las burbujas de aire atrapado en el interior.

¡QUÉ LOCURA!
André Ortolf, de Alemania, tiene en su haber el récord mundial de gelatina comida con palillos en un minuto.
Tiembla
Tiembla

¿Por qué tiembla la gelatina?

La gelatina seca la forman partículas que se agarran muy bien entre ellas y forman una espiral. Cuando le añades agua caliente, se deshacen. Si metes la gelatina en el frigorífico, entonces las partículas intentan unirse de nuevo, y forman una red de lado a lado de la gelatina. El agua queda atrapada en los espacios de la red, lo que da a la gelatina su consistencia temblorosa.

La gelatina se puede moldear en cualquier forma.

CÓMO FUNCIONAN LAS COSAS

¿Por qué los trenes van sobre raíles? Y más preguntas curiosas sobre máquinas e inventos.

¿Por qué los cohetes son puntiagudos?

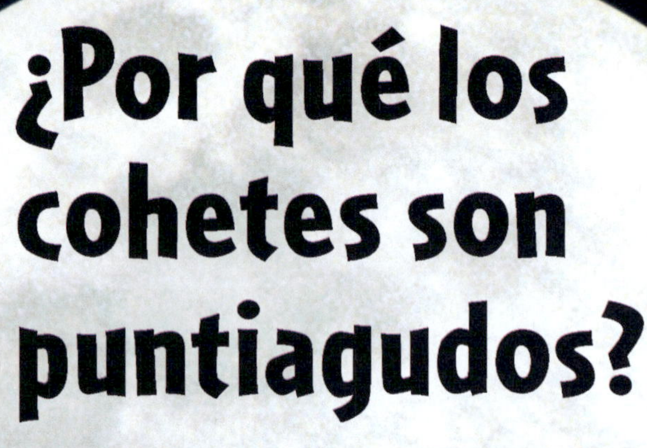

Cuando un cohete despega, la parte de delante choca contra el aire. El aire empuja hacia el cohete y lo frena. Un cohete con el morro plano chocaría contra el aire de frente, mientras que un morro puntiagudo choca en ángulo. Así disminuye la fuerza de frenada del aire y el cohete puede volar, ¡arriba y rápido!
¡Fiuuuu!

¡QUÉ LOCURA!

Los primeros cohetes volaron en China. ¡Los usaban para los fuegos artificiales!

Un cohete viaja hacia el espacio a una velocidad 80 veces superior al coche más rápido.

Un helicóptero puede volar hacia los lados y hacia atrás.

¡QUÉ LOCURA!

Algunos helicópteros se usan para combatir los incendios. Pueden arrojar desde arriba cubas llenas de agua sobre las llamas.

¿Por qué hacen tanto ruido los helicópteros?

¡Flap, flap, flap, flap! Es el ruido que hace un helicóptero cuando nos pasa por encima. Un helicóptero se levanta del suelo mediante el rotor de palas giratorias. Cuando el helicóptero vuela, en la punta de cada pala se crea un remolino de aire. El choque de la siguiente pala con el centro del vórtice produce ese fuerte sonido.

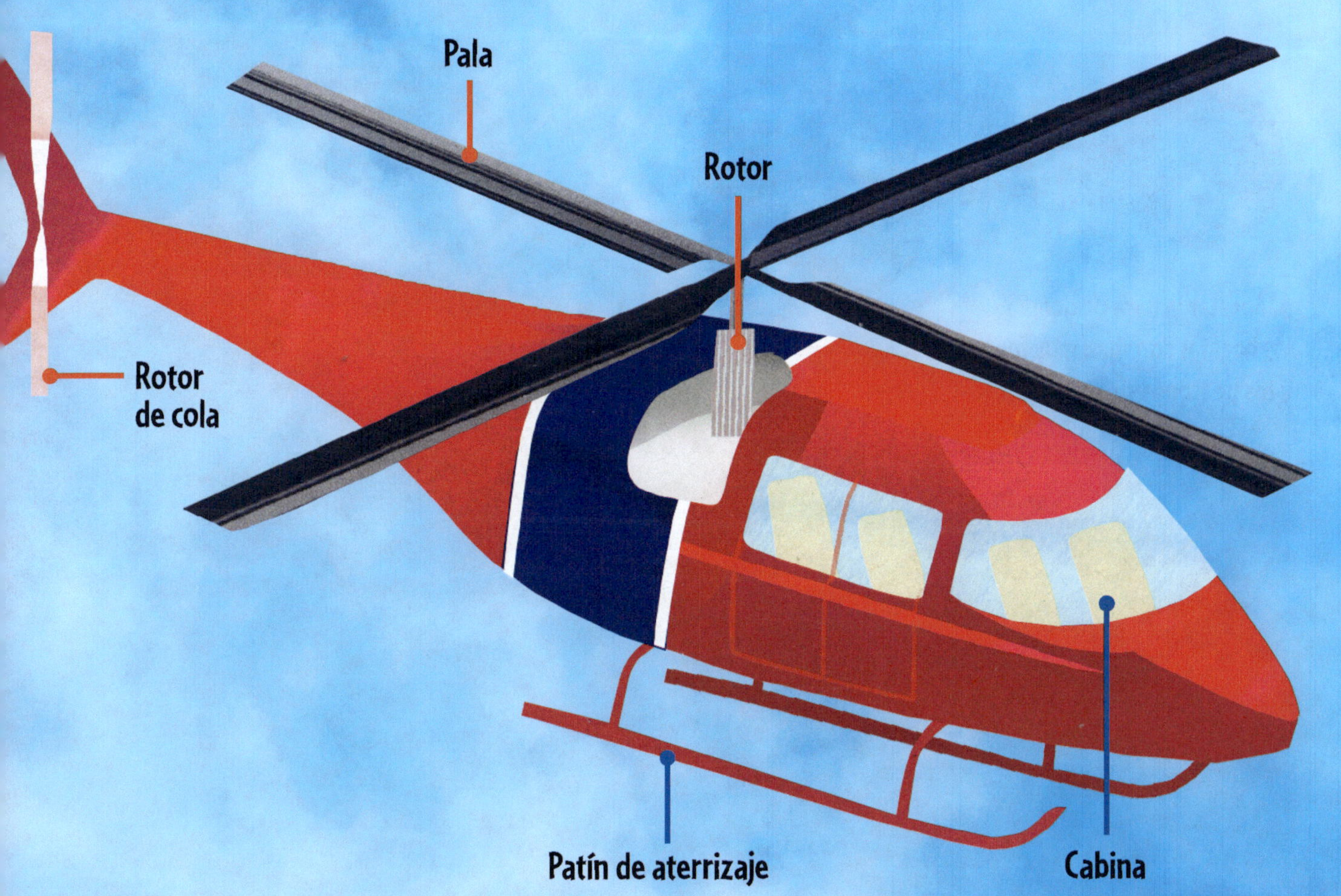

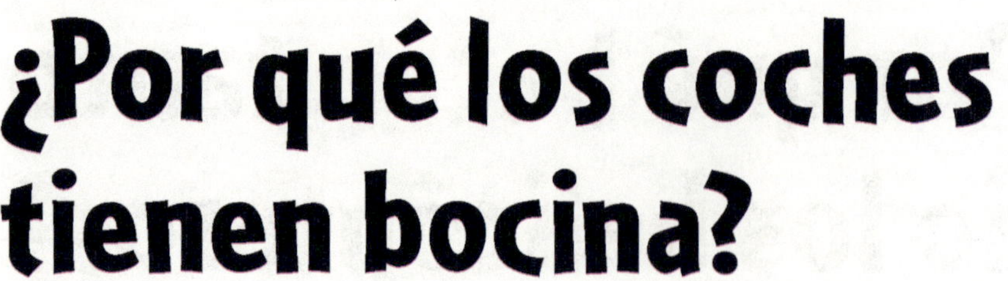

¿Por qué los coches tienen bocina?

¡QUÉ LOCURA!
Los coches de carreras no tienen bocina.

Cuando llegaron los primeros automóviles no había semáforos. Las calles estaban llenas de gente y de carros tirados por caballos. Al principio los conductores usaban silbatos y campanas para poder avanzar, pero más tarde cambiaron a las bocinas. Las tocaban apretando una pera de goma llena de aire. Hoy las bocinas son eléctricas, pero el mensaje de su sonido es el mismo: «¡Cuidado!».

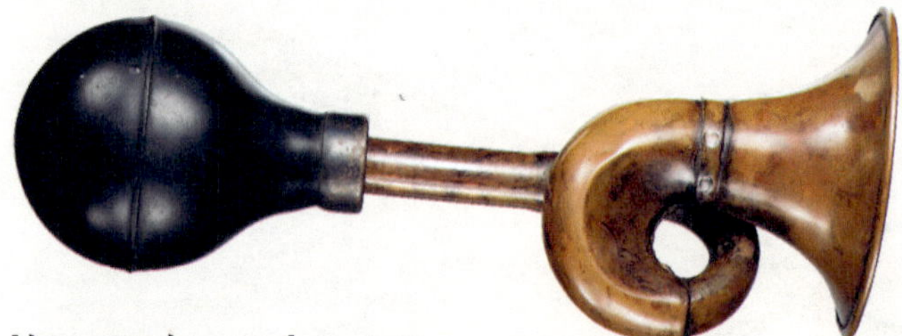

Al apretar la pera de goma las bocinas sonaban muy fuerte y los peatones se apartaban.

¡AUUUA!
358
ANNIE

¡QUÉ LOCURA!

Las ruedas de los trenes tienen un diseño especial, más ancho en el interior que en el exterior. Esta forma permite que rueden por una vía curva sin desviarse hacia uno u otro lado.

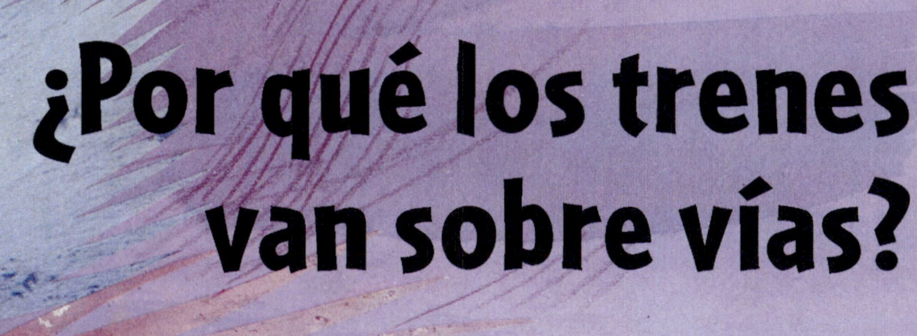

¿Por qué los trenes van sobre vías?

Las vías permiten a los trenes transportar cargas mucho más pesadas que las que llevan los camiones. Cuando la locomotora tira de los vagones, las ruedas de acero del tren se deslizan con suavidad sobre las vías. Los trenes de pasajeros transportan a centenares de personas. Los trenes de mercancías llevan de todo, desde cemento y tractores hasta queso y fruta.

Los trenes solo pueden seguir la vía, de manera que no necesitan volante.

¿Por qué los edificios tienen ascensores?

En el siglo XIX, las vigas de metal permitieron levantar los primeros rascacielos, de más de 20 pisos. ¡Era agotador subir por las escaleras hasta arriba! Por eso se inventaron los ascensores. Gruesos cables sujetan la cabina por arriba. Estos cables suben por el hueco del ascensor y pasan por la máquina, una rueda situada en lo alto. En su otro extremo, los cables están unidos a un contrapeso que permite que la cabina se mueva con suavidad. El motor gira y la cabina del ascensor sube y baja.

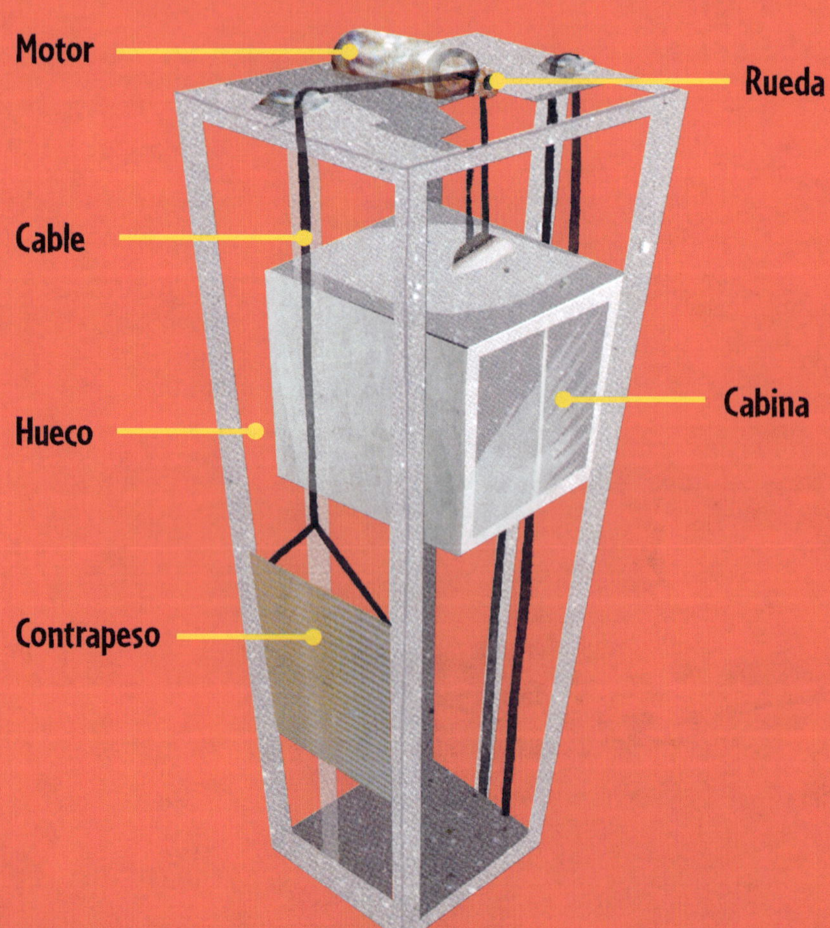

¡QUÉ LOCURA!

Los científicos trabajan en el primer ascensor espacial. Piensan que un día podrán transportar a personas y suministros desde la Tierra al espacio... ¡apretando un botón!

¿Por qué se agotan las pilas?

Las pilas tienen dos polos, uno positivo y otro negativo. Lo que hay dentro de la pila en el polo negativo emite partículas llamadas electrones. Lo que hay dentro en el polo positivo produce partículas que atraen electrones. Cuando conectas un cable entre los dos polos, los electrones fluyen desde el extremo negativo al positivo. El flujo de electrones se denomina corriente eléctrica. Si conectas algo como una videoconsola o una linterna al cable entre los dos polos, la corriente eléctrica alimentará el aparato. Cuando lo que hay dentro de la pila ya no puede emitir más electrones, la pila se agota.

CuriosiDATOS

¡La pila más duradera lleva funcionando desde hace más de 175 años! Ubicada en Oxfordshire, Inglaterra, esa pila activa dos pequeñas campanas. Los científicos no entienden muy bien cómo es que sigue funcionando.

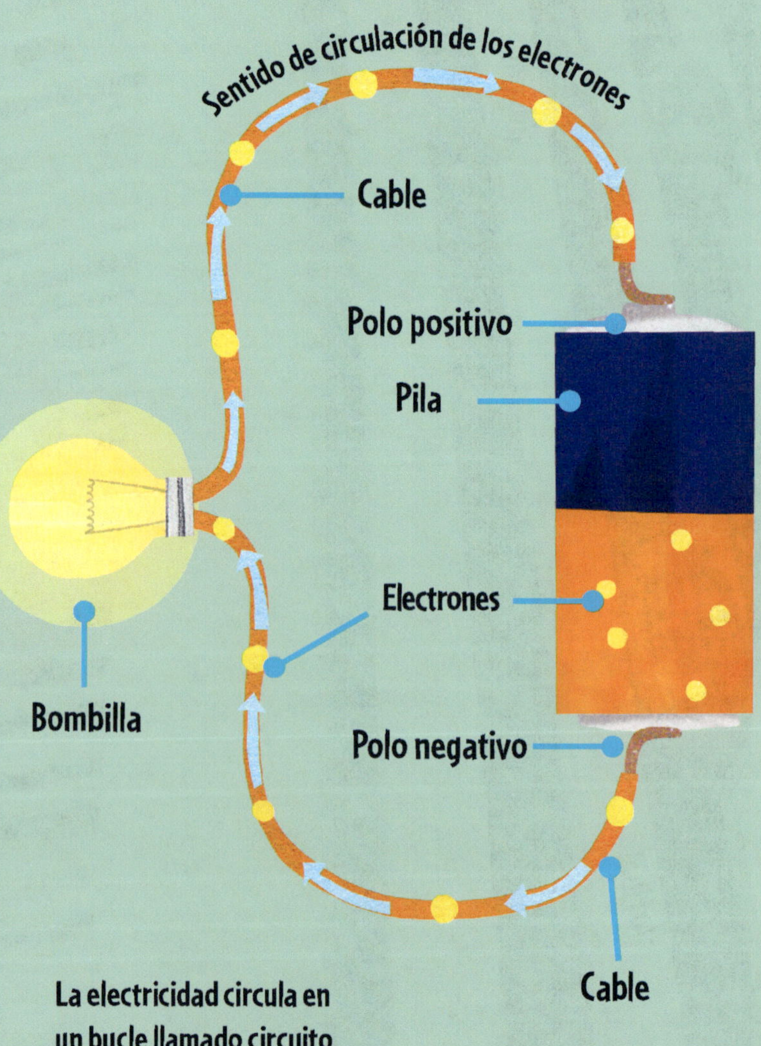

La electricidad circula en un bucle llamado circuito.

Las primeras linternas a pilas duraban solo unos segundos. Hoy las linternas duran horas con solo un par de pilas, lo que las hace perfectas para que puedas leer un buen libro bajo las sábanas.

¿Por qué tiramos de la cadena?

Vacía la cisterna y los residuos desaparecen. Así nos deshacemos de la caca y del pis, para mantener los gérmenes alejados y para evitar que nuestra casa huela mal. Por las tuberías los inodoros vierten los residuos a la alcantarilla, donde se junta con otros residuos domésticos, como el agua de la ducha. Estos residuos, llamados aguas residuales, van a parar a una depuradora que los separa del agua. Una vez limpia, el agua se bombea a un lago, o a un río, o al mar.

¡QUÉ LOCURA!

Algunas tuberías de alcantarilla son tan grandes que un camión podría pasar por dentro.

No toda el agua de los váteres va a parar a las alcantarillas. Algunas casas tienen fosas sépticas. Estos depósitos subterráneos actúan como pequeñas plantas depuradoras.

Las tuberías se llevan el agua sucia de nuestros váteres
y baños, y también de las lavadoras y de los fregaderos.
El agua sucia se va a una fosa séptica o a las tuberías del alcantarillado.

Los primeros patitos de goma no flotaban. ¡Eran juguetes para mascar!

¿Por qué flota mi patito de goma?

Algunos objetos, como una piedra, se hunden. Otros, como un patito de goma, flotan. La diferencia está en su flotabilidad. Cuando un objeto se coloca en el agua, el peso la desplaza. Si el objeto pesa más que el agua que desplaza, se hunde. Pero como un patito de goma está vacío por dentro, pesa menos que el agua que desplaza. Y por eso flota.

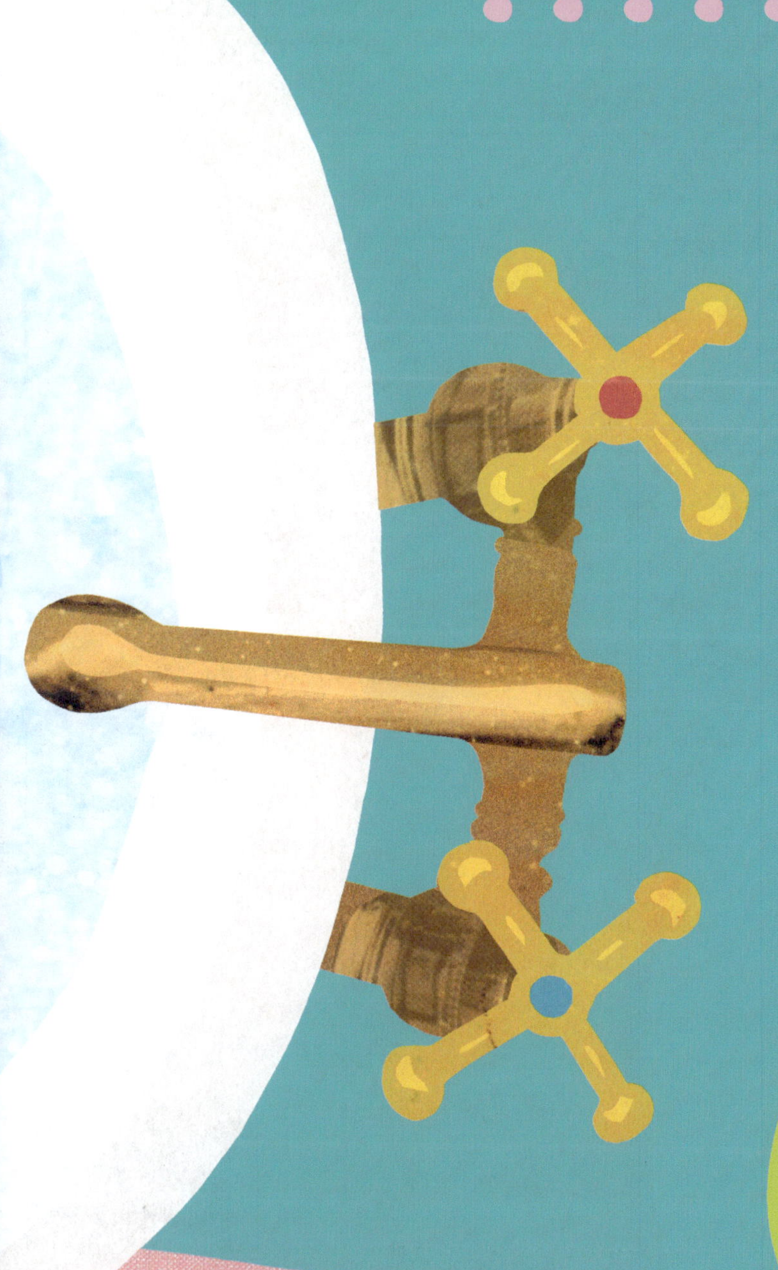

¡QUÉ LOCURA!

En 1992, un contenedor cayó al mar y su contenido –¡28.000 patitos de goma!– quedó flotando en el océano. Todavía hay quien encuentra uno por ahí.

¿Por qué tenemos semáforos?

¡QUÉ LOCURA!
Los primeros semáforos solamente tenían luces rojas y verdes. Las naranjas se añadieron luego.

Cuando empezaron a circular los primeros coches no había semáforos. Luego, como cada vez circulaban más, empezaron a instalarlos para evitar accidentes. Primero había personas que dirigían el tráfico subidas a unas cabinas elevadas y hacían sonar pitos y encendían luces rojas y verdes para dar indicaciones a los conductores. Hoy los semáforos son eléctricos y automáticos.

En 1918 se instalaron las primeras torres de tráfico en Nueva York. Tenían una altura de 7 metros y estaban hechas de bronce.

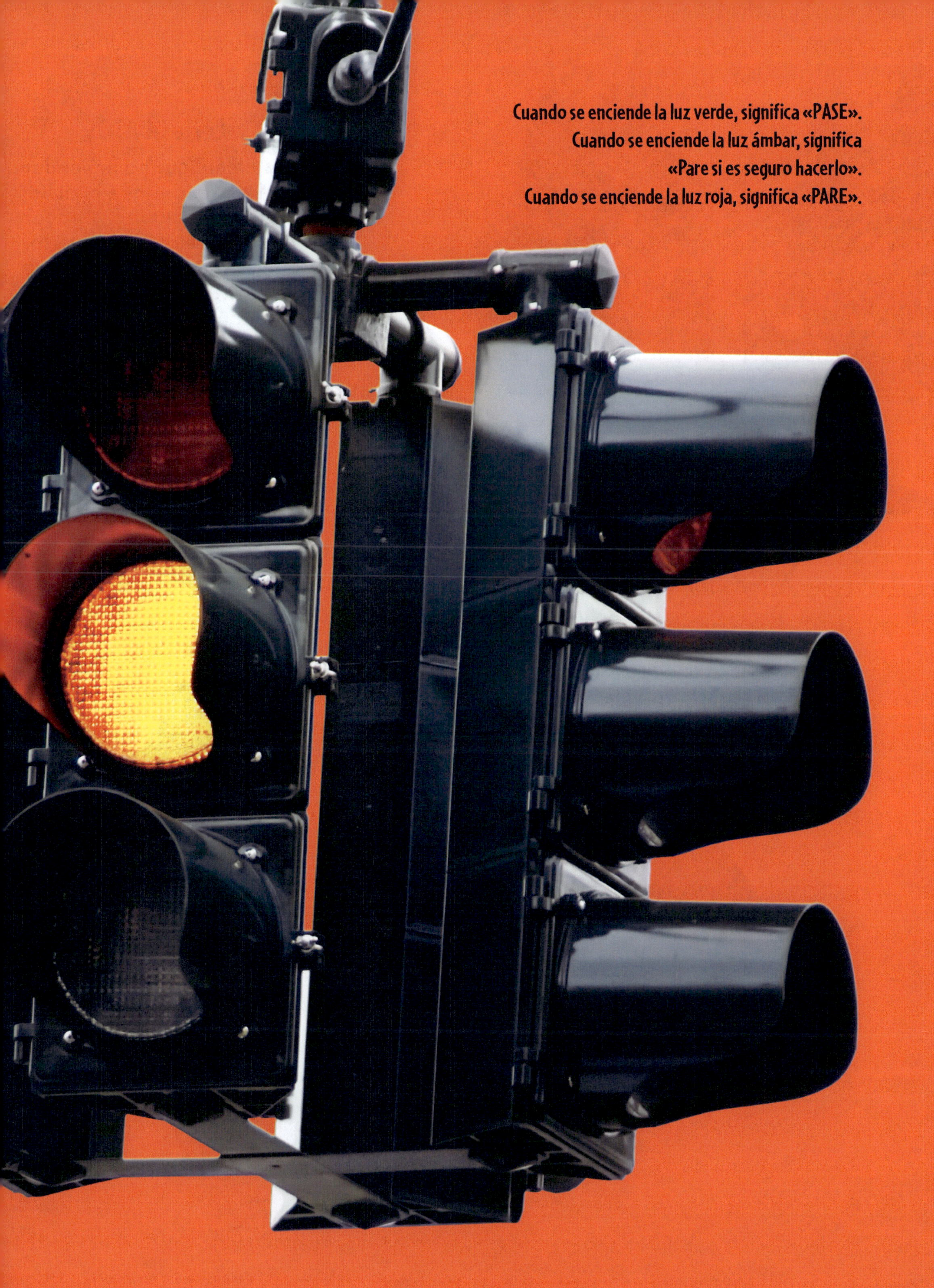

Cuando se enciende la luz verde, significa «PASE».
Cuando se enciende la luz ámbar, significa
«Pare si es seguro hacerlo».
Cuando se enciende la luz roja, significa «PARE».

CuriosiDATOS

Los científicos no entienden muy bien por qué el hielo es tan resbaladizo. Sí saben que el hielo está cubierto por una fina capa de agua, pero siguen investigando de dónde sale dicha capa y cómo funciona.

¿Por qué los patines de hielo tienen cuchillas?

La cuchilla de un patín de hielo tiene dos funciones. Si apunta hacia delante, la superficie fina y lisa permite a quien patina deslizarse con facilidad. Si está inclinada, se hinca en el hielo para que quien patina pueda apoyarse y salir hacia delante o bien frenar.

En el patinaje artístico, los patines tienen serretas delante que ayudan a hacer trucos como saltos y giros.

TIERRA

¿Por qué las flores son de colores? Y más preguntas curiosas sobre nuestro planeta.

¿Por qué hay terremotos?

Placas de roca que encajan entre ellas como un puzle forman la superficie de la Tierra. Estas placas siempre están en movimiento, pero se mueven muy despacio. Los bordes son ásperos, duros, y a veces dos placas quedan enganchadas y van acumulando presión. Cuando por fin se liberan, la Tierra tiembla.

CuriosiDATOS

Los científicos no pueden predecir con exactitud cuándo ocurrirán los terremotos.

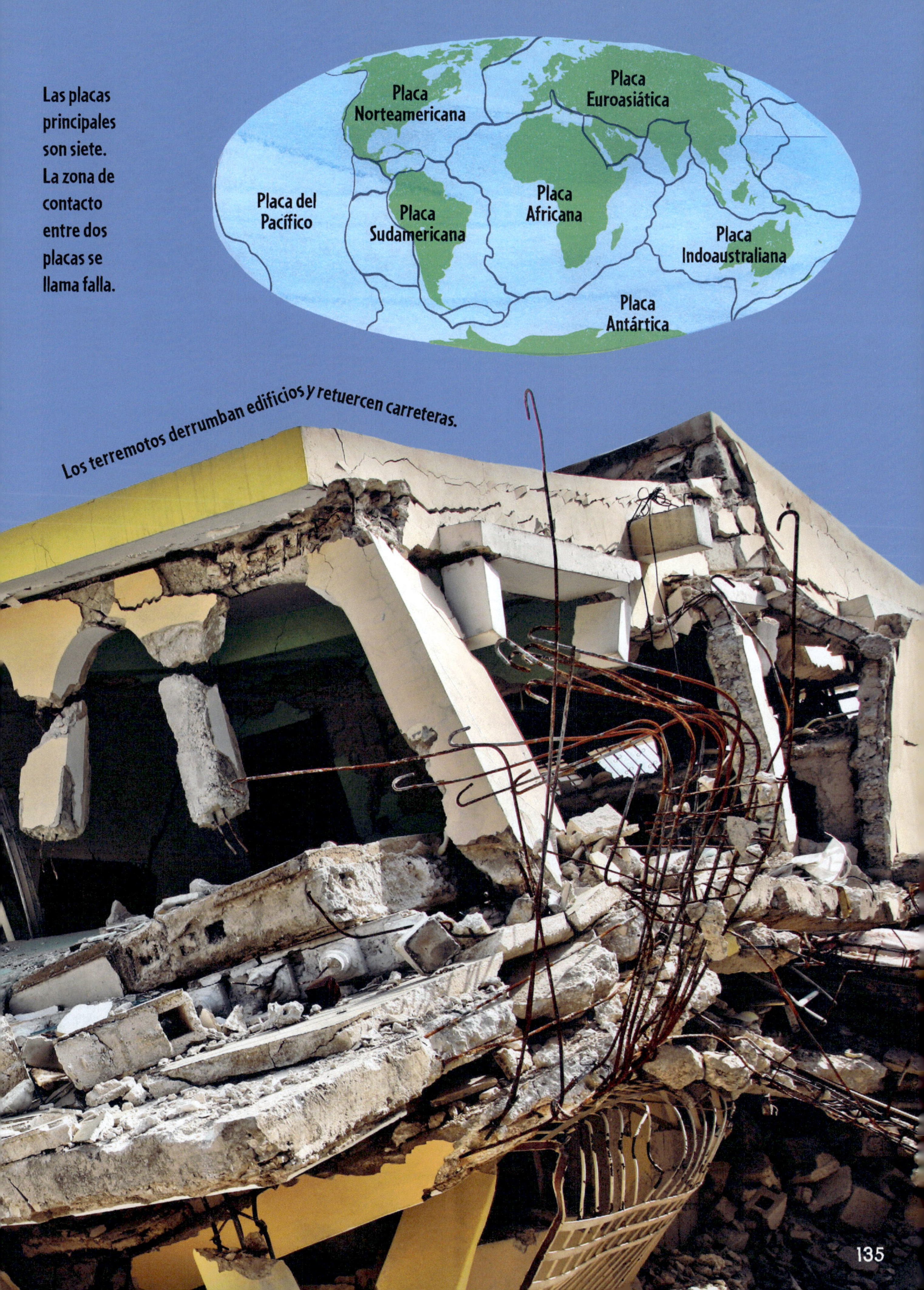
Las placas principales son siete. La zona de contacto entre dos placas se llama falla.
Placa Norteamericana
Placa Euroasiática
Placa del Pacífico
Placa Sudamericana
Placa Africana
Placa Indoaustraliana
Placa Antártica
Los terremotos derrumban edificios y retuercen carreteras.

Hay volcanes en la superficie terrestre, en el fondo marino e incluso bajo casquetes glaciares.

¿Por qué entran en erupción los volcanes?

Muy por debajo de la superficie de nuestro planeta la temperatura es tan alta que las rocas se funden. Estas rocas fundidas se llaman magma. El magma es más liviano que las rocas ligeras que tiene alrededor y por eso sube. Llega a la superficie abriéndose camino por las grietas, llamadas chimeneas. En cuanto sale, al magma se le llama lava. A veces va saliendo despacio. Otras veces ¡sale disparada al aire!

¡QUÉ LOCURA!

La lava puede alcanzar los 1.200 grados Celsius. Eso basta para fundir el oro.

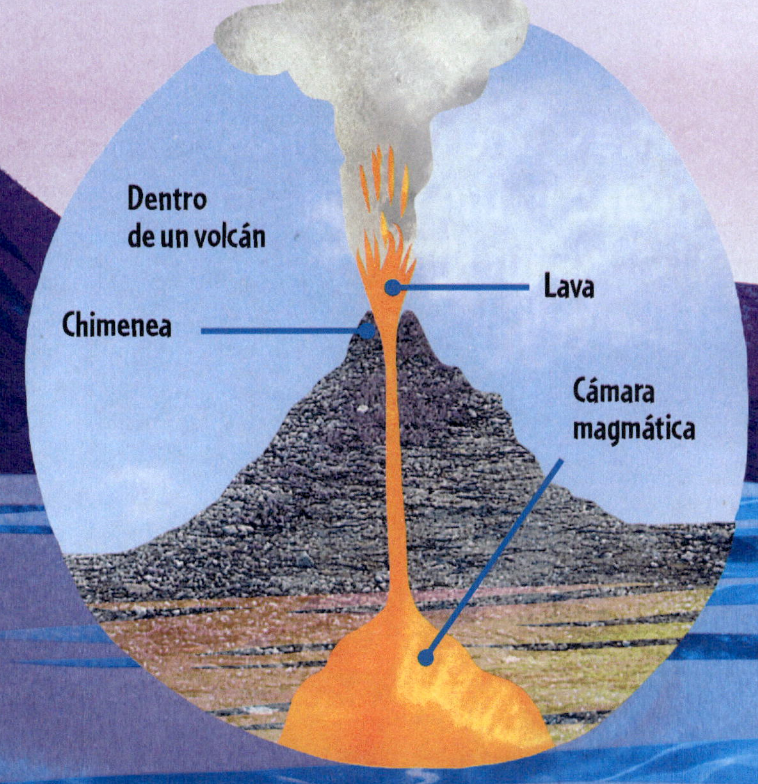

¡QUÉ LOCURA!

No todos los dinosaurios murieron. Las aves son un tipo de dinosaurio que sobrevivió a la extinción y que sigue viviendo en la Tierra.

El *T. rex* era un dinosaurio carnívoro de grandes dientes y que mordía tan fuerte que rompía los huesos de las presas.

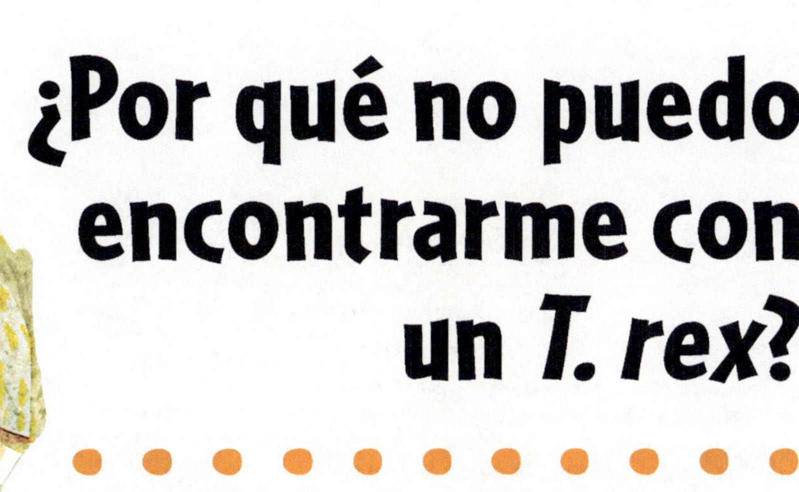

¿Por qué no puedo encontrarme con un *T. rex*?

Todos los tiranosaurios estaban muertos mucho antes de la aparición del ser humano en la Tierra. Los dinosaurios habían sido las criaturas más poderosas del planeta. Pero eso cambió hace 66 millones de años, cuando una roca gigante del espacio cayó en el océano junto a la costa de México. Esto causó violentos terremotos e incendios enormes, y el polvo y las cenizas llenaron el cielo. Desaparecieron unas tres cuartas partes de los organismos vivos.

Aunque casi todos los dinosaurios murieron, fósiles como este de un *T. rex* permite que nos hagamos una idea de cómo eran en vida.

¡QUÉ LOCURA!
Los arcoíris en realidad son círculos, pero desde el suelo solamente podemos ver una parte de ellos.

¿Por qué después de una tormenta aparece el arcoíris?

El arcoíris aparece cuando la luz del sol se refleja en una gota flotante. Aunque no lo parezca, la luz del sol la forman todos los colores. Cuando entra en una gota la luz rebota, y cada color lo hace en un ángulo un poco distinto. La luz sigue su viaje, y en la distancia sus colores se van separando. Cuando la luz llega a tus ojos ves los colores del arcoíris.

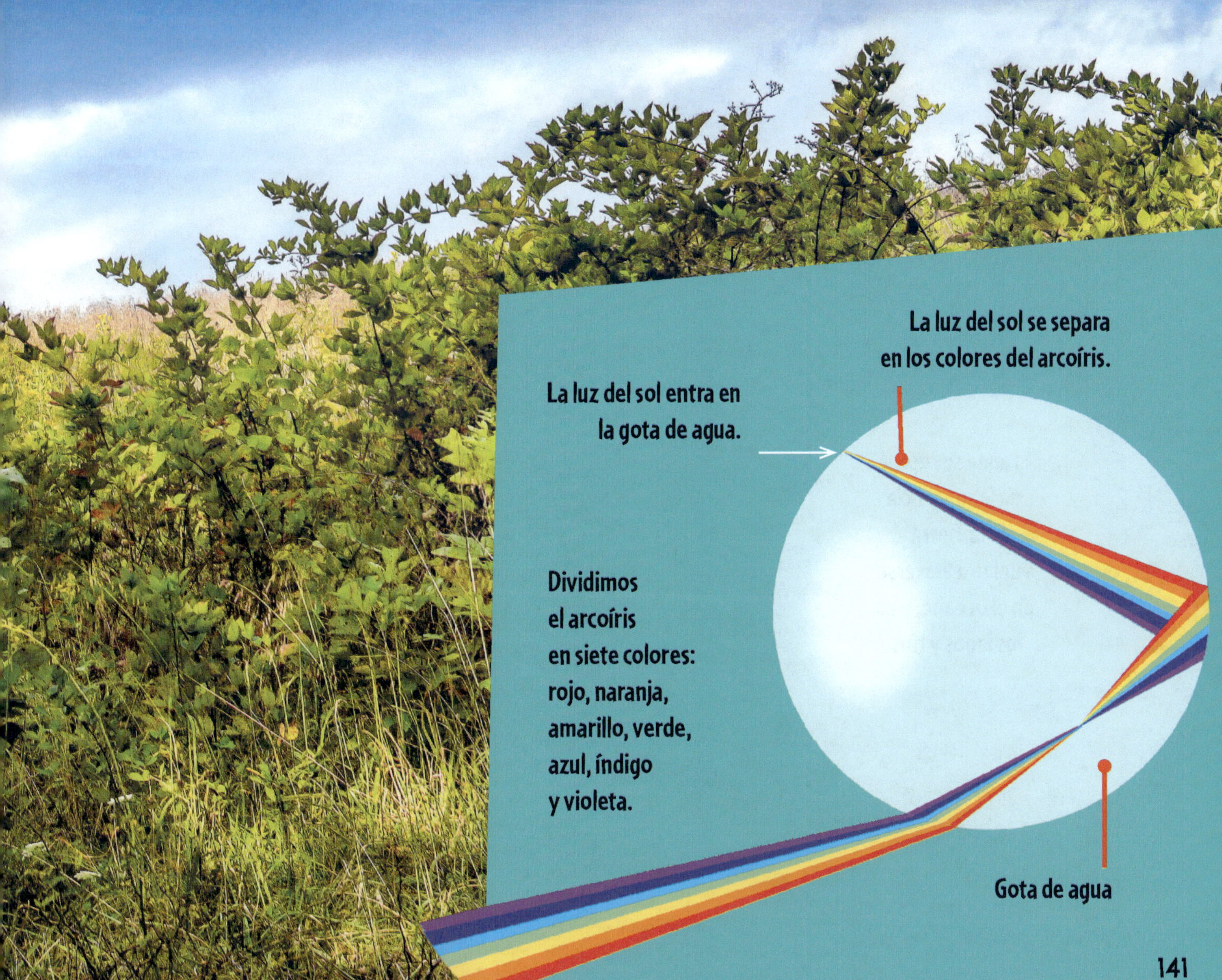

¡QUÉ LOCURA!
Hay muchas posibilidades de que el agua que bebes sea la misma que un dinosaurio sediento bebiera hace millones de años. Y eso es así porque el agua, en sus diversos ciclos, es la misma desde que se formó el planeta.
Las gotas de agua vuelven a caer en la Tierra como lluvia. Si la temperatura cerca de la superficie está en el punto de congelación o por debajo, el agua caerá de las nubes como nieve o aguanieve.
3
El agua se recoge en la superficie de la Tierra y vuelve a verterse en el océano, y en los lagos y ríos.
4

¿Por qué llueve?

Las nubes están formadas por pequeñas gotas de agua. Estas gotitas rebotan y chocan unas con otras, formando gotas más grandes. Al final son demasiado pesadas para flotar en el cielo y caen desde las nubes en forma de lluvia. Es uno de los pasos del ciclo del agua, que mueve el agua de todo el planeta.

1

El calor del sol calienta el agua de los océanos, lagos y ríos y la convierte en un gas llamado vapor de agua que sube hacia el cielo.

2

Cuando el vapor de agua llega lo bastante arriba, se enfría, vuelve a convertirse en gotitas de agua y forma nubes.

La arena de cada playa del mundo es tan única como una huella dactilar.

¿Por qué las playas son de arena o de piedras?

Al pisar la playa caminas sobre un material que se ha ido formando a lo largo de millones de años. Las rocas caen por ríos y corrientes y se rompen en piezas más pequeñas al ir avanzando. Cuando llegan a la playa, las olas las rompen todavía más. Las formas de los trozos de roca provienen de la energía de las olas: las olas calmosas de las bahías hacen arena fina, mientras que las olas fuertes que chocan contra los acantilados forman guijarros.

Los guijarros se hacen más suaves cuando el agua corre una y otra vez sobre los trozos de roca.

¿Por qué las hojas de ciertos árboles caen?

Las hojas convierten la luz del sol en alimento para los árboles. Para hacerlo necesitan agua, que viaja hasta ellas desde el suelo, tronco arriba. En invierno, el agua puede congelarse y las hojas se estropean, así que las de muchos árboles caen cuando empieza el frío. Durante el invierno, estos árboles descansan.

¡QUÉ LOCURA!

Los árboles, de la misma o de distinta especie, pueden comunicarse entre ellos. Lo hacen a través de una red subterránea, enorme y viva que está conectada a sus raíces.

Los erizos se hacen nidos de lo más confortables con hojas muertas, ramas y plumas en los que pueden dormitar hasta que pase el invierno.

Cuando empieza el otoño, el verde de las hojas se convierte en rojo, naranja y amarillo.

¡QUÉ LOCURA!

Las geodas pueden formarse también cuando los animales escarban en el suelo. Luego el terreno se endurece y se convierte en una roca con un hueco dentro en el que pueden crecer los cristales.

La geoda de Pulpí, en España, contiene cristales del tamaño de una persona.

¿Por qué algunas rocas tienen cristales dentro?

Algunas rocas tienen huecos en su interior. Por ejemplo, una burbuja de aire puede quedar atrapada en la lava cuando esta se enfría y se convierte en piedra. Con el tiempo los minerales del agua se vierten en el hueco, se adhieren a los lados y van formando pequeños cristales. Cuando esto ocurre una y otra vez durante millones de años, los cristales crecen. Estas rocas rellenas de cristales se llaman geodas.

Esta geoda contiene un tipo de cristal llamado amatista.

¿Por qué las nubes tienen diferentes formas?

Las nubes pueden parecer de algodón, pero están hechas de millones de gotas de agua, o de cristales de hielo... tan pequeños y ligeros que flotan. Diferentes temperaturas del aire pueden formar nubes delgadas y finas, o tan gruesas que tapan el cielo. El viento cambia de forma las nubes, estirándolas y aplanándolas.

Los cirros son nubes finas.

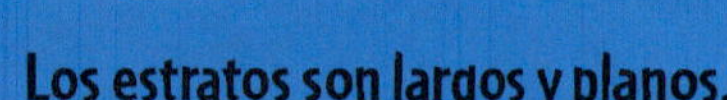

Los estratos son largos y planos.

Los cúmulos son blancos y esponjosos.

CuriosiDATOS

Las gotas de agua y los cristales de hielo necesitan agruparse alrededor de diminutas partículas para formar nubes. Los expertos saben qué son algunas de estas partículas, como polvo. Pero en otros casos es un misterio.

A menudo las nubes
parecen otras cosas.
¿Qué ves tú en esta?

Las personas, las plantas y los animales se han adaptado a la vida en los desiertos, incluso en el del Sahara, el de la foto.

¡QUÉ LOCURA!

El cactus saguaro, que vive en los desiertos de Estados Unidos y México, puede vivir hasta 200 años.

El fénec o zorro del desierto utiliza sus grandes orejas para escuchar a insectos y otras presas bajo la arena. Las orejas también le sirven para soltar calor del cuerpo.

¿Por qué los desiertos están secos?

Los desiertos son áreas de tierra que reciben muy poca cantidad de nieve o lluvia. En un desierto caen menos de 25 centímetros de lluvia a lo largo de todo el año. Los desiertos pueden ser calientes o fríos. La Antártida es el desierto más grande y seco de la Tierra, y es gélida. El desierto caliente más grande del mundo es el Sahara, en África.

ESPACIO

¿Por qué los astronautas llevan traje espacial? Y más preguntas curiosas sobre el cosmos.

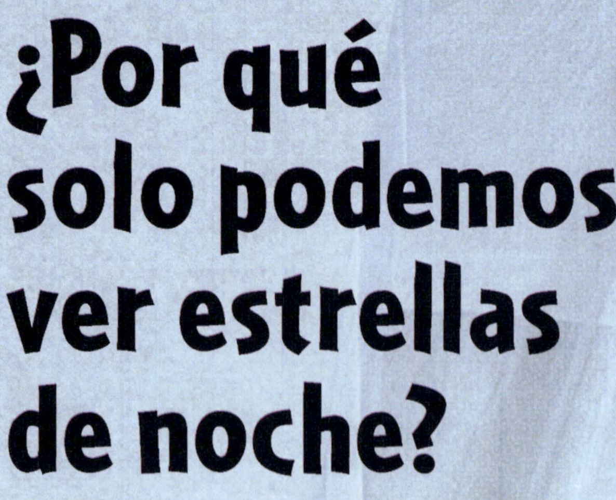

¿Por qué solo podemos ver estrellas de noche?

Mira al cielo en una noche clara y verás unas 5.000 estrellas. Sin embargo, cuando es de día desaparecen. Están ahí, pero ya no podemos verlas. Las estrellas son lejanísimas bolas de gas ardiente, y su luz viaja billones de kilómetros por el espacio. Pero cuando el Sol, la estrella más cercana a nuestro planeta, ilumina el cielo durante el día, hay demasiada luz como para que veamos otras estrellas más distantes.

Las estrellas nacen en nubes de gas y polvo gigantes llamadas nebulosas.

CuriosiDATOS

Los científicos creen que es probable que casi cada estrella tenga por lo menos un planeta orbitándola, lo mismo que la Tierra alrededor del Sol. Siguen en el empeño de calcular cuántos planetas hay en el universo.

¿Por qué las estrellas parpadean?

No parpadean, en realidad, sino que brillan con luz continua. Pero parece que titilen cuando las vemos desde la superficie de la Tierra. La luz de una estrella viaja a través del espacio y llega a la atmósfera, el manto de gas que envuelve nuestro planeta. El aire que se mueve en la atmósfera curva la luz de las estrellas y hace que en parte rebote, alejándola, y en parte se dirija a nosotros. Por eso parece que parpadee.

¡QUÉ LOCURA!

Las estrellas son de diferentes colores. Las más calientes son azules.

Estrellas azules y rojas brillan con intensidad en esta imagen captada por el telescopio espacial Hubble.

¿Por qué está oscuro en el espacio?

Aunque el espacio está lleno de estrellas brillantes, parece negro. Esto es así porque la luz viaja en línea recta a menos que algo en su trayecto la desvíe. En la Tierra, la luz del Sol rebota entre el polvo y otras partículas a su paso por la atmósfera. Eso ilumina el cielo. Pero en el espacio no hay atmósfera que haga rebotar la luz, y casi todo el espacio aparece oscuro.

La vecina más cercana a la Tierra en el espacio es la Luna. Aquí puedes ver su superficie, tan irregular por las rocas del espacio que han impactado contra ella.

CuriosiDATOS

El espacio tiene un olor. Los astronautas lo describen como «a filete chamuscado» o «a metal caliente» o «a galletas de almendra quemadas». Los científicos todavía no saben a qué se debe este olor.

El espacio es completamente silencioso.

CuriosiDATOS

La atmósfera del Sol (o el manto de gases que lo rodean) es más caliente que su superficie. Los científicos no están seguros del motivo.

¿Por qué brilla el Sol?

En el cielo el Sol parece pequeño, pero en realidad es una enorme bola de gas ardiente. Su tamaño le da una gravedad de una fuerza tremenda. Esta gravedad aplastante hace que la presión y la temperatura dentro del Sol sea altísima, de modo que el gas del Sol (hidrógeno) se convierte en otro gas (helio). Este cambio genera calor y luz.

El núcleo del centro del Sol, a 15 millones de grados Celsius, es su parte más caliente.

¿Por qué Marte es rojo?

El planeta Marte es uno de los objetos más destacados del cielo nocturno. Si lo miras con atención distinguirás su color: ¡rojo! Proviene del óxido, ese que a veces encuentras en los clavos o en los viejos coches que han estado a la intemperie largo tiempo. Marte está cubierto de polvo proveniente sobre todo del hierro, el mismo material de los coches y los clavos. A lo largo de millones de años, el polvo de hierro se ha oxidado y ha hecho rojo el planeta.

Marte puede verse de noche sin necesidad de telescopio.

¡QUÉ LOCURA!
Las puestas de sol en Marte son azules.

¿Por qué Saturno tiene anillos?

Los anillos de Saturno no son sólidos. Están hechos de miles de millones de trozos de hielo y roca. Los científicos no están seguros, pero algunos creen que los anillos pudieron formarse cuando cuerpos rocosos y helados se acercaron a Saturno y quedaron triturados por su gravedad. Algunas de estas piezas son demasiado pequeñas para verlas, mientras que otras son grandes como autobuses.

Saturno no es el único planeta con anillos. Aunque resulta más difícil verlos, Neptuno, Júpiter y Urano también tienen.

CuriosiDATOS
Saturno tiene siete anillos principales y muchos anillos más pequeños: ¡hasta 1.000, quizá! Los expertos no están seguros del número exacto.
Los anillos de Saturno se extienden tanto
que si rodearan la Tierra llegarían a la Luna.

¿Por qué tenemos noche y día?

Cuando la Tierra se desplaza alrededor del Sol, lo hace girando sobre un eje, una línea imaginaria que pasa por el centro de nuestro planeta. En estos giros, las caras de la Tierra se turnan para estar frente al Sol. Su calor y su luz tocan la cara de la Tierra frente a él: lo llamamos día. La otra cara de la Tierra queda orientada en dirección opuesta, con lo que está a la sombra, y es más fría: a esto lo llamamos noche. La Tierra hace un giro completo cada 24 horas.

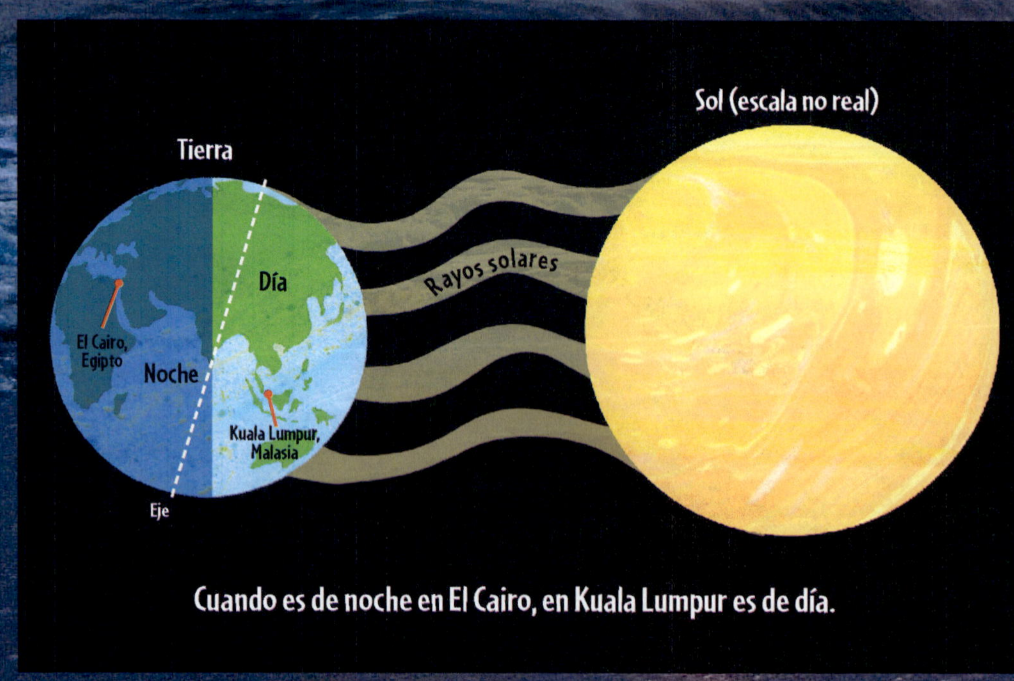

Cuando es de noche en El Cairo, en Kuala Lumpur es de día.

Parece que el Sol se mueva por el cielo, pero en realidad es la Tierra la que gira.

¡QUÉ LOCURA!

La Tierra gira a unos 1.700 kilómetros por hora. ¡Eso es siete veces más que un coche de carreras!

¿Por qué ocurren los eclipses?

Los eclipses ocurren porque a veces el Sol, la Luna y la Tierra están en línea recta, de modo que la Tierra o la Luna bloquean la luz del Sol. Un eclipse lunar ocurre cuando la Tierra bloquea la luz del Sol y evita que toque la superficie de la Luna. Desde aquí nos parece que la Luna adquiere un tono rojizo. Un eclipse solar ocurre cuando la Luna bloquea la luz del Sol y evita que toque la superficie de la Tierra.

¡QUÉ LOCURA!

Aves como los halcones y las palomas vuelven a sus nidos o descansan durante los eclipses solares. La oscuridad los engaña y les hace pensar que es hora de dormir.

Para ver un eclipse solar total como este, tienes que encontrarte en el lugar indicado de la Tierra. Es importante llevar gafas especiales para observarlo. Mirar directamente al Sol puede dañarte los ojos.

Un eclipse solar solamente dura unos minutos. Un eclipse lunar puede durar casi dos horas.

Ponerse un traje espacial lleva unos 45 minutos. Estos trajes vienen con suministro de oxígeno e incluso agua para que el astronauta beba.

¿Por qué los astronautas tienen que llevar traje espacial?

Un traje espacial protege a los astronautas de las temperaturas extremas de frío y calor del espacio y les proporciona oxígeno para respirar. En una estación espacial están a salvo de las temperaturas exteriores y tienen aire que respirar, de modo que pueden ir con ropa normal. Pero a veces salen en paseos espaciales. Entonces es cuando se ponen estos trajes enormes. Los astronautas salen al espacio por diversos motivos: para hacer experimentos científicos, para reparaciones o para poner a prueba nuevos equipos.

¡QUÉ LOCURA!

Los astronautas pueden pasar casi nueve horas en uno de sus paseos espaciales, ¡así que llevan pañales especiales por si necesitan orinar!

Los ratones se acostumbran enseguida a flotar en una estación espacial.

¿Por qué enviamos animales al espacio?

Un trabajo muy importante de los astronautas en el espacio son los experimentos científicos. Ellos mismos se toman las medidas muchas veces, para ver cómo cambian sus cuerpos. Además, cultivan plantas y cuidan animales. Trabajar con ellos ayuda a los científicos a entender cómo la vida en el espacio cambia a los organismos. En un experimento, los astronautas recogieron caca de ratones por ver si los gérmenes beneficiosos que vivían en sus tripas cambiaban en el espacio.

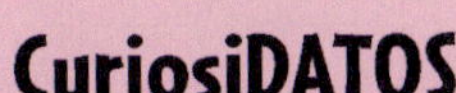

Los científicos no están seguros de que haya vida en otros planetas, pero piensan que es probable, aunque todavía no lo hayamos descubierto. Cuando por fin descubramos vida, probablemente no será con criaturas como humanos en naves espaciales.

Todo tipo de animales han viajado al espacio, desde chimpancés hasta tardígrados como este. En la vida real estos bichos son muy pequeños, incluso más pequeños que una hormiga. Esto es una ampliación.

Glosario

absorber: Atraer un líquido o retener un vapor.
ágil: Que es rápido y ligero al moverse.
ángulo: Dirección desde la cual se aborda a una persona o cosa.
asir: Prender y sujetar algo.
atmósfera: La capa de gases que rodea un planeta.
autodefensa: El acto de defenderse a sí mismo.
bacterias: Organismos muy pequeños que pueden encontrarse en todos los entornos naturales de la Tierra, incluso los alimentos y en el cuerpo humano.
célula: La pequeña estructura que forma todo organismo vivo. Algunos organismos, como las bacterias, están hechos de una sola célula, mientras que otros, como los humanos, están hechos de millones de millones de células.
clorofila: La sustancia de color verde que absorbe energía de la luz.
colonia: Grupo de animales del mismo tipo que viven y crecen juntos, como en una colonia de abejas.
corona: La parte de un diente que sobresale de la encía.
cosechar: Ocupación de recoger los frutos de la tierra, como el maíz o el trigo.
cresa: Larva de la mosca.
crisálida: Fase del desarrollo de las mariposas en la que la oruga queda envuelta en una cápsula protectora mientras se transforma.
depredador: Un animal que mata y come a otros animales.
desierto: Área de terreno en donde llueve o nieva muy poco a lo largo del año.
diafragma: Músculo que permite a los pulmones tomar y soltar aire.
eclipse: Lo que ocurre cuando un objeto espacial bloquea a otro. Por ejemplo, en un eclipse solar, la Luna se interpone entre la Tierra y el Sol y bloquea la vista del Sol.
eje: Línea imaginaria alrededor de la cual rota un objeto. El eje de la Tierra passa por sus polos norte y sur.
electrón: Partícula muy pequeña con carga negativa. El movimiento de electrones crea electricidad.
especies: Grupo de organismos vivos similares que entre ellos son capaces de tener crías.
estación espacial: Una estructura humana que viaja alrededor de la Tierra y en la que algunos astronautas viven y trabajan durante un tiempo.
estrella: Una enorme y brillante bola de gases en el espacio, como el Sol.
experimento: Prueba hecha para averiguar algo.
extinción: El estado de dejar de existir.
folículo: Pequeño orificio en la piel por donde crece el pelo.
fósil: Los restos o huellas de plantas o animales que vivieron hace mucho tiempo.
gas: Sustancia, como el oxígeno, que es en su mayor parte invisible y que está hecha de partículas que flotan libremente. El gas no tiene forma y llena todo el recipiente que lo contiene, como un globo.
geoda: Piedra con un hueco en su interior relleno de cristales o minerales.
gravedad: Una fuerza que atrae entre sí a los objetos.
hibernar: Pasar el invierno en estado de sueño.
inflable: Que resulta posible llenarlo con un gas, como el aire.
ingrediente: Una de las sustancias que componen una mezcla.
larva: Forma joven y sin alas de muchos insectos, que nace de un huevo.
lava: Roca fundida que desde un volcán o una grieta sale a la superficie de un planeta rocoso o de una luna.
lecho marino: El fondo del mar.
líquido: Una sustancia, como el agua, que puede fluir y que toma la forma del contenedor en el que se encuentre.
madriguera: Agujero o túnel en la tierra que un animal hace excavándolo.
maduro, madura: Se dice de un fruto que ya se puede comer.
magma: Roca fundida dentro de un planeta rocoso o luna.
mamífero: Animal de sangre caliente que tiene columna vertebral, alimenta a sus recién nacidos con leche y tiene pelo.
marsupial: Mamífero cuyas hembras tienen una bolsa ventral exterior para acabar la gestación, como el canguro, el wallaby o el koala.

masa: Mezcla de harina y líquido utilizada para repostería. Para hacer pasteles, por ejemplo.
melanina: Sustancia que da a la piel, el pelo y los ojos su color en los humanos y en otros animales.
mercancías: Bienes o cargas transportados por un barco, un camión, un tren o un avión.
microscopio: Pieza de equipamiento que utiliza una o más lentes para hacer que algo muy pequeño aparezca más grande.
mineral: Sustancia sólida que se forma naturalmente, como diamante u oro.
músculo: Parte del cuerpo que produce movimiento.
nocturno: Que es activo por la noche.
nutriente: Sustancia que ayuda a trabajar a las plantas y al cuerpo de las personas y de los animales.
órgano: Una parte del cuerpo que tiene una función, como el corazón.
oxígeno: Un gas sin color, sin olor, sin sabor en el aire que casi todos los animales necesitan para sobrevivir.
papilas: Saliente o un bulto que hay bajo la epidermis y en la superficie de algunas membranas del cuerpo. En la lengua tenemos unas papilas que nos hacen sentir el gusto de los alimentos.
partícula: Una pequeña porción de materia, como una molécula o un átomo.
placa: Sustancia pegajosa y viscosa formada sobre todo por gérmenes que se va acumulando sobre los dientes.
planeta: Un objeto natural redondo que viaja alrededor de una estrella en el espacio.
presa: Un animal al que otro animal mata y come.
presión: Fuerza que una cosa ejerce sobre otra.
raíz: Una parte de la planta que suele estar oculta bajo tierra.
rascacielos: Un edificio muy alto.
raza: Variedad de una especie de animal doméstico. Por ejemplo, el setter y el terrier son razas de perros de caza, y el caniche y el pequinés son razas de perros de compañía.
saliva: Un líquido acuoso de la boca que humedece y descompone la comida masticada.
sangre caliente: Un animal que puede generar su propio calor corporal, incluso cuando fuera hace frío.
sensible: Ser muy consciente de cómo se sienten las cosas, de cómo se ven, suenan y huelen.
sólido, sólida: Una sustancia que mantiene su forma, como un bolo o un cubito de hielo.
sustancia química: Lo que forma cualquier sustancia, ya sea sólida, líquida o gaseosa. El cloro, el agua y el oro son sustancias químicas.
trotar: Moverse a un paso que está entre caminar y correr.
útero: Órgano en la mayoría de mamíferos hembra que protege y alimenta a sus crías antes de que nazcan.
vapor de agua: Agua en forma de gas, como en las nubes o en la niebla.
veneno: Sustancia nociva, a veces hasta mortal, producida por un animal (como una serpiente o escorpión) y que pasa a la víctima, normalmente por un mordisco o una picadura.
vibración: Movimiento de vaivén muy rápido.
vórtice: Torbellino, remolino.

Índice

Fuentes

El proceso de investigación de este libro tuvo múltiples capas. Los autores recurrieron a una gran variedad de fuentes fiables, y los verificadores de datos utilizaron fuentes adicionales para comprobar la información. Además, editores expertos revisaron los capítulos para su mayor veracidad (véase página 187). Todo lo cual resulta en más fuentes de las que por motivos prácticos pueden citarse aquí. A continuación incluimos una muestra de las fuentes que los autores han utilizado en cada capítulo.

Fuentes generales
bbc.com, bbc.co.uk; britannica.com; history.com; howstuffworks.com; livescience.com; nasa.gov; natgeokids.com; nationalgeographic.com; nature.com; newscientist.com; npr.org; sandiegozoo.org; scientificamerican.com; sciencedaily.com; sciencing.com; scijinks.gov; smithsonianmag.com; space.com; wonderopolis.org; woodlandtrust.org.uk

BICHOS: **pp. 8-9** '10 Cool Facts About Ants!', natgeokids.com; 'Ant Architects: How Do Ants Construct Their Nests?', howitworksdaily.com; **pp. 10-11** 'Ask Smithsonian: How Do Spiders Make Their Webs?', smithsonianmag.com; 'What Are Spider Webs Made Of? And How Do They Spin Them?', nhm.ac.uk; **pp. 12-13** 'International Year of the Fly: Why Flies Are Important', bbc.co.uk; 'The Disgusting Reason You Should Never Eat Something a Fly Landed on', womansday.com; **pp. 14-15** 'Where Do Honeybees Go in the Winter?', britannica.com; 'What Do Bees Do in Winter?', wonderopolis.org; '10 Facts About Honey Bees!', natgeokids.com; **pp. 16-17** 'Plastic-Eating Caterpillar Could Munch Waste, Scientists Say', bbc.com; 'The Butterfly Life Cycle!', natgeokids.com; 'British Caterpillars: How to Identify 10 Common Species', woodlandtrust.org.uk; **pp. 18-19** 'How Do Snails Get Their Shells?', animals.howstuffworks.com; 'Snails', ecospark.ca; **pp. 20-21** 'Mosquitoes: 20 Fun Facts About the Pesky Insects', cleveland.com; 'Useful Facts About Mosquitoes', orkin.com; 'Why Do Mosquitoes Bite Me and Not My Friend?', loc.gov; **pp. 22-23** '14 Fun Facts About Fireflies', smithsonianmag.com; '11 Cool Things You Never Knew About Fireflies', blogs.scientificamerican.com; 'Fireflies', nationalgeographic.com;

MASCOTAS: pp. 26-27 'Why Do Dogs Sniff Each Other's Butts?', animals.howstuffworks.com; 'Why Dogs Sniff Each Other's Rear Ends', thesprucepets.com; 'Why Dogs Sniff Rear Ends', vcahospitals.com; **pp. 28-29** 'Why Do Cats Purr?', scientificamerican.com; '10 Fascinating Facts About Cats', purina.com; 'Why Do Cats Purr?', wonderopolis.org; **pp. 30-31** '10 Hopping Fun Rabbit Facts!', natgeokids.com; 'Facts About Rabbits', bluecross.org.uk; 'Why Do Rabbits Have Such Long Ears?', discoverwildlife.com; **pp. 32-33** 'What's the Difference Between a Turtle and a Tortoise?', britannica.com; 'Galápagos Tortoise', animals.sandiegozoo.org; 'Tortoise Adaptations: Lesson for Kids', study.com; **pp. 34-35** 'Your Hamster May Have Surprising Origins', nationalgeographic.com; 'Golden Hamster', britannica.com; **pp. 36-37** 'Can Any Animals Talk and Use Language Like Humans?', bbc.co.uk; 'How Many Words Do Dogs Understand?', animals.howstuffworks.com; **pp. 38-39** 'How Do Whiskers Work?', discoverwildlife.com; 'Dr. Universe: Why Do Animals Have Whiskers?', askdruniverse.wsu.edu; **pp. 40-41** 'How Cat Tongues Work - and Can Inspire Human Tech', nationalgeographic.co.uk; 'How Do Cats Stay So Clean? Video Reveals Secrets of the Feline Tongue', sciencemag.org; 'Freaked Out By Your Cat's Scratchy Tongue? Don't Be! It's Keeping Them Cleaner', npr.org; **pp. 42-43** 'What Can I Give My Gerbils to Chew On?', gerbilwelfare.com; 'Gerbils', rspca.org.uk; **pp. 44-45** 'To Shoe or Not to Shoe?', practicalhorsemanmag.com; 'H&H Question of the Week: To Shoe, or Not to Shoe - Should My Horse Go Barefoot?', horseandhound.co.uk; 'Horseshoe', britannica.com

ANIMALES SALVAJES: **pp. 48-49** 'How Frogs Communicate', dkfindout.com; 'Loudest Frog in the World', bbc.co.uk; 'Frogs Use Their Lungs Like Noise-Canceling Headphones to Find Mates', sciencefocus.com; **pp. 50-51** 'Sharks Never Run Out of Teeth', scientificamerican.com; 'How Many Teeth Do Sharks Have?', wonderopolis.org; 'How Sharks Work', animals.howstuffworks.com; **pp. 52-53** 'Mystery Bumps', smithsonianmag.com; 'Crocodile Faces Are More Sensitive Than Human Fingertips', nationalgeographic.com; **pp. 54-55** 'Octopus Facts', natgeokids.com; 'Ten Curious Facts About Octopuses', smithsonianmag.com; **pp. 56-57** 'African Elephant', natgeokids.com; '10 Unforgettable Elephant Facts!', natgeokids.com; 'Top 10 Facts About Elephants', wwf.org.uk; **pp. 58-59** 'Kangaroo Facts', livescience.com; 'How Long Do Joeys Stay in the Pouch?', discoverwildlife.com; 'What's the Inside of a Kangaroo's Pouch Like?', sciencefocus.com; **pp. 60-61** 'Why Does a Snake Flick Its Tongue?', livescience.com; 'Human Tongues Can Apparently Smell Things', livescience.com; **pp. 62-63** 'Squirrel',

britannica.com; 'How Do Squirrels Remember Where They Buried Their Nuts?', livescience.com; 'Caching for Where and What: Evidence for a Mnemonic Strategy in a Scatter-Hoarder', royalsocietypublishing.org; **pp. 64-65** 'Why Do Giraffes Have Such Long Necks?', sciencefocus.com; 'Why Do Giraffes Have Long Necks?', wonderopolis.org; 'Giraffes Could Have Evolved Long Necks to Keep Cool', nature.com; **pp. 66-67** 'Why Did Penguins Stop Flying? The Answer Is Evolutionary', nationalgeographic.com; 'The Big Question: Why Can't Penguins Fly?', bbc.co.uk; 'Why Can't Penguins Fly?', wonderopolis.org

EL CUERPO: pp. 70-71 'Why Is Yawning So Contagious?', psychologytoday.com; 'Here's Why Yawns Are So Contagious', livescience.com; 'Once of Science's Most Baffling Questions? Why We Yawn', bbc.com; **pp. 72-73** 'Why Do Our Mouths Water?', livescience.com; 'What's Spit?', kidshealth.org; **pp. 74-75** 'Why Don't Baby Teeth Grow Up?', wonderopolis.org; 'When Do Baby Teeth Fall Out and Adult Teeth Come In?', healthline.com; **pp. 76-77** 'Why Do We Cry? The Science of Tears', independent.co.uk; 'Why Do Babies Cry So Much?', wonderopolis.org; **pp. 78-79** Walker, Matthew. *Why We Sleep: The New Science of Sleep and Dreams*. New York: Penguin, 2018; 'Dreams', sleepfoundation.org; 'What Does It Mean When We Dream?', medicalnewstoday.com; **pp. 80-81** Bryson, Bill. *The Body: A Guide for Occupants*. New York: Doubleday, 2019; 'The Evolution of Skin Colors', psu.edu; 'Why Are People All Different Colors?', wonderopolis.org; **pp. 82-83** 'Taking Care of Your Teeth', kidshealth.org; 'When and How Often Should You Brush Your Teeth?', mayoclinic.org; **pp. 84-85** 'Why Do We Like to Dance - and Move to the Beat?', scientificamerican.com; 'The No. 1 Reason Music Has the Power to Make Us Feel Good', psychologytoday.com; **pp. 86-87** 'Why Do We Hiccup?', medicalnewstoday.com; 'What Causes Hiccups?', kidshealth.org; 'Hiccups', mayoclinic.org; **pp. 88-89** 'What Kids Should Know About How Hair Grows', aad.org; 'Your Hair', kidshealth.org

COMIDA: pp. 92-93 'Fruits, Nuts and Berries', dkfindout.com; 'What's the Difference Between a Fruit and a Vegetable?', recipes.howstuffworks.com; **pp. 94-95** 'Why We Love the Sweet Life', livescience.com; 'Sweet Tooth Surprise: 5 Things You May Not Know About Sugar', today.com; **pp. 96-97** 'Fungus vs Mold', sciencing.com; 'How Does Mold Grow on Food?', sciencing.com; 'Mold Terrarium', exploratorium.edu; **pp. 98-99** 'Why Does Chopping an Onion Make You Cry?', loc.gov; 'Origin and History of Onions', iosrjournals.org; **pp. 100-101** 'Why Are Chili Peppers So Spicy?', wonderopolis.org; 'Why Are Chillies So Hot?', news.bbc.co.uk; 'The Cool Science of Hot Peppers', sciencenewsforstudents.org; **pp. 102-103** 'How Does Popcorn Pop?', nal.usda.gov; 'Explore the 'Pop' in Popcorn', scientificamerican.com; 'Why Does Popcorn Pop?', childrensmuseum.org; **pp. 104-105** 'What Are Fruits & Vegetables That Grow Under the Ground?', sciencing.com; 'Root Vegetables: The Underground Garden', aces.illinois.edu; **pp. 106-107** 'The Science of Cake', theguardian.com; 'Tallest Cake', guinnessworldrecords.com; 'How Does Baking Powder Work in Cooking?', thoughtco.com; **pp. 108-109** 'Ask a Grown-Up: Why Does Jelly Wobble?', theguardian.com; 'Why Does Jelly Wobble?', howitworksdaily.com; 'Why Does Jello Jiggle?', foodrepublic.com

CÓMO FUNCIONAN LAS COSAS: pp. 112-113 'The Nose Cone Experts', nasa.gov; 'Rockets and Rocket Launches Explained', nationalgeographic.com; 'Rocket Nose Cones and Altitude', aerospaceweb.org; **pp. 114-115** 'Scientists Finally Have an Explanation for Why Helicopters Are So Loud', businessinsider.com; 'NASA Researcher Develops Model That Could Quiet Down Noisy Helicopters', nasa.gov; **pp. 116-117** 'Meep Meep! The History and Evolution of Car Horns', caranddriver.com; 'Car Horns - A History', cogapa.com; **pp. 118-119** 'How Trains Work', science.howstuffworks.com; 'Why Do Trains Run on Tracks?', vpr.org; **pp. 120-121** 'A Short History of the Elevator', cnn.com; 'Who Invented the Elevator?', history.com; 'How Elevators Work', science.howstuffworks.com; **pp. 122-123** 'Why Do Batteries Go Flat?', sciencing.com; 'How Do Batteries Work?', qrg.northwestern.edu; **pp. 124-125** 'Where Does All Our Poop Go?', livescience.com; 'How Toilets Work', explainthatstuff.com; **pp. 126-127** 'Buoyancy Testing: Will It Sink or Float?', scienceworksmuseum.org; 'How Does a Floating Plastic Duckie End Up Where It Does?', blogs.scientificamerican.com; **pp. 128-129** 'The Hidden Genius and Influence of the Traffic Light', wired.com; 'This Is Why Traffic Lights Are Red, Yellow and Green', rd.com; **pp. 130-131** 'The First Ice Skates Weren't for Jumps and Twirls - They Were for Getting Around', smothsonianmag.com; 'The Surprising Science of Why Ice Is So Slippery', vox.com

TIERRA: pp. 134-135 'Why Do Earthquakes Happen?', geo.mtu.edu; 'The Science of Earthquakes', usgs.gov; 'What Is an Earthquake?', spaceplace.nasa.gov; **pp. 136-137** 'The Big Question: Why Do Volcanoes Erupt?', bbc.co.uk; 'How Do Volcanoes Erupt?', usgs.gov; '17 Explosive Volcano Facts!', natgeokids.com; **pp. 138-139** 'Here's What Happened the Day the Dinosaurs Died', nationalgeographic.com; 'These Are the Dinosaurs That Didn't Die', nationalgeographic.com; 'Dinosaur Facts', amnh.org; **pp. 140-141** 'Rainbow', nationalgeographic.org; 'What Causes a Rainbow?', scijinks.gov; 'Rainbows: How They Form & How to See Them', livescience.com; **pp. 142-143** 'What Causes Rain?', scijinks.gov; 'Why Does It Rain?', metoffice.gov.uk; 'The Water Cycle!', natgeokids.com; **pp. 144-145** 'Science of Summer: Where Does Beach Sand Come From?', livescience.com; 'How Does Sand Form?', oceanservice.noaa.gov; 'Why Do Some Beaches Have Sand and Others Have Pebbles?', howitworksdaily.com; **pp. 146-147** 'Why Do Leaves Fall in Autumn?', britannica.com; 'Why Leaves Really Fall Off Trees', npr.org; **pp. 148-149** 'Facts About Geodes', sciencing.com; 'How Do Geodes Form?', fossilera.com; 'What Is a Geode?', wonderopolis.org; **pp. 150-151** 'Types of Clouds', scijinks.gov; 'Clouds and How They Form', scied.ucar.edu; 'Cloud Facts for Kids', sciencekids.co.nz; **pp. 152-153** 'Desert', nationalgeographic.org; 'Antarctica's Biggest Mysteries: Secrets of a Frozen World', livescience.com; 'The Sahara: Earth's Largest Hot Desert', livescience.com

ESPACIO: pp. 156-157 'Why Does the Universe Make So Many Tiny Stars?', astronomy.com; 'How Many Stars Are There in the Universe?', space.com; 'Stars - Facts and Information', nationalgeographic.com; **pp. 158-159** 'Why Do Stars Twinkle?', starchild.gsfc.nasa.gov; 'Top 10 Cool Things About Stars', earthsky.org; 'All About Stars', scholastic.com; **pp. 160-161** 'Why Does Outer Space Look Black?', livescience.com; 'Why Is Space Black?', starchild.gsfc.nasa.gov; **pp. 162-163** 'Why Does the Sun Shine?', earthsky.org; 'Earth's Sun: Facts About the Sun's Age, Size and History', space.com; **pp. 164-165** 'Why Is Mars Red?', space.com; 'Why Is Mars Red?', childrensmuseum.org; 'This Is Why Mars Is Red and Dead While Earth Is Blue and Alive', forbes.com; **pp. 166-167** 'Why Does Saturn Have Rings?', spaceplace.nasa.gov; 'Why Does Saturn Have Rings Around It?', livescience.com; 'Which Planets Have Rings?', universetoday.com; **pp. 168-169** 'Why Do We Have Day and Night?', astroedu.iau.org; 'Why Is There Day and Night?', starchild.gsfc.nasa.gov; **pp. 170-171** 'What Is an Eclipse?', nasa.gov; 'Why Do Eclipses Happen?', astronomynow.com; **pp. 172-173** 'What Is a Spacesuit?', nasa.gov; 'What Is a Spacewalk?', nasa.gov; **pp. 174-175** 'Why Do We Still Send Animals to Space?', livescience.com; 'Animals in Space', nasa.gov; 'Why Do We Send Animals to Space?', space.com

Créditos de las imágenes

El editor desea agradecer a quienes siguen su permiso para reproducir sus imágenes. El editor se disculpa por cualquier error u omisión y efectuará las correcciones que se revelen necesarias en futuras ediciones.

a = arriba; b = abajo; i = izquierda; d = derecha; c = centro

CUBIERTA: ai Martin Harvey/Getty Images; **ai** hsvrs/ iStock.com; **bi** Butterfly Hunter/Shutterstock; **dca** David Herraez Calzada/Shutterstock; **dca1** Yevgen Romanenko/Getty Images; **dca2** Biitli/iStock.com; **da** Vladi333/Shutterstock; **PORTADILLAS:** Juniors Bildarchiv GmbH/ Alamy; **CONTRACUBIERTA:** GlobalP/ iStock.com; **ÍNDICE: p. 4 a–b** Michael Nichols; Alena Ozerova/Shutterstock; Martin Harvey/ Getty Images; StefaNikolic/Getty Images; **p. 5 a–b** subjug/iStock.com; Ian Littlewood/Alamy; T.w. Van Urk/Dreamstime.com; Jürgen Fälchle/ Alamy; **BICHOS: p. 7** Michael Nichols; **p. 8** The Jungle Explorer/ Shutterstock; **p. 11** Stephen Dalton/Nature Picture Library; **p. 13** toos/iStock. com; **p. 14** Sing5pan/Shutterstock; **pp. 14–15** Anan Kaewkhammul/Shutterstock; **p. 15** Scruggelgreen/ Dreamstime. com; **p. 15** rupbilder/AdobeStock. com; **p. 17 b** Butterfly Hunter/ Shutterstock; **p. 20 i** MarcusVDT/ Shutterstock; **p. 20 d** nechaevkon/ Shutterstock; **p. 22-23** Diliana Nikolova/Alamy; **MASCOTAS: p. 26** Alena Ozerova/Shutterstock; **p. 27** Mark Taylor/NPL/Minden Pictures; **p. 28** Oleksandr Boiko/Dreamstime.com; **p. 29** Rembolle/Shutterstock; **p. 31** Picsguru/iStock.com; **p. 35** INSADCO Photography/Alamy; **p. 36 bl** Ivonne Wierink/ Dreamstime.com; **p. 36 tr** Juniors Bildarchiv GmbH/ Alamy; **p. 37** LivingThroughTheLens/iStock.com; **p. 38** Sonsedska/iStock.com; **p. 40** Seregraff/ iStock.com; **p. 43** Txpeter/iStock.com; **p. 66** Kostic Dusan/123RF. com; **ANIMALES SALVAJES: pp. 46-47** Martin Harvey/Getty Images; **p. 48 l** IrinaK/Shutterstock; **p. 48 r** Nataliia K/Shutterstock; **pp. 50-51** Reinhar Dirscherl/Alamy; **p. 51** REUTERS/Alamy; **p. 52-53** image BROKER/Alamy; **p. 53** FVE MEDIA/Alamy; **p. 57** Richard Du Toit/Minden Pictures; **p. 58** Westend61/ Getty Images; **p. 60** Heidi and Hans-Juergen Koch/ Minden Pictures; **p. 61** Michael D. Kern/ Nature Picture Library; **pp. 64-65** Ingo Arndt/Nature Picture Library; **EL CUERPO: p. 69** StefaNikolic/ Getty Images; **p. 70** Dorling Kindersley Ltd/Alamy; **p. 72 a** Svitlana Bezuhlova/Dreamstime.com; **p. 72 b** Aniko Hobel/ Getty Images; **p. 75** Jack Sullivan/Alamy; **p. 76** kali9/ iStock.com; **p. 77** malija/AdobeStock.com; **pp. 116–117** Cavan Images/Getty Images; **pp. 80-81** Karel Noppe/Dreamstime. com; **pp. 82-83** Wanuttapong suwannasilp/Alamy; **pp. 86-87** PeopleImages/iStock. com; **p. 88** MStudioImages/iStock.com; **p. 89 I** cathyhawkins/Getty Images; **p. 89 d** Mayur Kakade/ Getty Images; **FOOD: p. 91** subjug/iStock.com; **p. 92 a** Josef Mohyla/ iStock.com; **p. 93 clockwise from top** Sawomir Elasko/123RF.com; s-cphoto/iStock.com; Yutthasart Yanakornsiri/Dreamstime.com; getsaraporn/ iStock.com; Sawomir Elasko/123RF.com; Ovydyborets/ Dreamstime.com; Sergey Kolesnikov/123RF.com; **p. 95** tan4ikk/ 123RF.com; **p. 96** Sinhyu/iStock. com; **p. 98** PA Images/Alamy; **p. 99** Daisy Symes, Noah Jerome, model; **p. 148 i** Torresigner/iStock. com; **p. 148 c** Only Fabrizio/Shutterstock; **p. 100 d** Maxim Tatarinov/123RF.com; **p. 102** ktsdesign/ Shutterstock; **p. 103** Coffeemill/Shutterstock; **p. 104** julie deshaies/Shutterstock; **p. 107** AnjelaGr/iStock. com; **p. 108** ac_bnphotos/iStock.com; **p. 159** Philip Kinsey /123RF.com; **CÓMO FUNCIONAN LAS COSAS: p. 111** Ian Littlewood/Alamy; **pp. 112–113** Russell Kord/Alamy; **p. 114** Adam Calaitzis/iStock; **p. 116** donatas1205/Shutterstock; **p. 117** Anthony Bliss/ Sussexsportphotography.com, John Biggs (owner), Annie the Model A Ford, Richard and Jude Rimmer, Anne and Dan Russell, passengers; **p. 121** Wing Yau Au Yeong/Alamy; **p. 123** Ocusfocus/Dreamstime. com; **pp. p. 124** Win Nondakowit/123RF.com; **p. 129** 2ndLookGraphics/iStock.com; **p. 131** imageBROKER/ Alamy; **EARTH: pp. 132-133** kruwt/iStock.com; **pp. 134-135**Design Pics Inc/Alamy; **p. 139** Seth Wenig/ AP/Shutterstock; **pp. 140-141** Lisa5201/iStock. com; **p. 145** Oleksandr Lytvynenko/123RF.com; **p. 146** Kichigin/iStock.com; **pp. 148-149** Jorge Guerrero/ AFP/Getty Images; **p. 151** Dafinchi/iStock.com; **pp. 150-151** KuderM/iStock.com; **pp. 152-153** Paul Biris/Getty Images; **pp. 152** Kim in Cherl/Getty Images; **p. 168 ai** zorpink/iStock.com; **SPACE: pp. 154-155** Jürgen Fälchle/Alamy; **pp. 156-157** NASA/ESA/STScl; **p. 161** Elen11/ iStock.com; **pp. 162-163** NASA/SDO/ Science Photo Library; **pp. 164-165** Digital Vision/ Getty Images; **pp. 168-169** Alex Bracho/EyeEm/ Getty Images; **pp. 170-171** Robert Loe/Getty Images; **p. 172** Jürgen Fälchle/Alamy; **p. 175** Planetfelicity/ Dreamstime.com

¡Conoce al equipo de LOS PORQUÉS!

AUTORES

Sally Symes trabajó durante muchos años como diseñadora de libros infantiles antes de dedicarse a escribirlos. Sus colaboraciones con Nick Sharratt han ganado diversos premios, entre ellos el Educational Writers Award para *Goloey, Chewy, Rumble, Plop*, y el The Southampton Favourite Book to Share Award para *Something Beginning with Blue*. Escribió nueve de las historias en el libro para Britannica *5-Minute Really True Stories for Bedtime*. Trabaja desde un cobertizo en Sussex, Reino Unido, acompañada por su gato gruñón.

Stephanie Warren Drimmer escribe sobre ciencia y naturaleza para niños. Sus libros lo han explorado todo, desde las crías de los animales hasta el cerebro humano y hasta el espacio exterior. Algunos de sus títulos favoritos son *Beneath the Waves*, sobre la fantástica diversidad de la vida en el océano, y *Surprising Stories Behind Everyday Stuff*, sobre las historias extrañas de objetos que van desde el bote de kétchup a los frisbis. Stephanie vive en Los Ángeles, California, EE UU.

ILUSTRACIÓN

Kate Slater creció en una bonita granja de Staffordshire, Reino Unido, y estudió ilustración en la Kingston University. Entre sus libros infantiles: *A Peek at Beaks*, *A is for Ant*, *The Birthday Crown*, *The Little Red Hen*, *ABC London* y *Magpie's Treasure*. Ha creado diversas instalaciones a gran escala, entre ellas una bandada de 400 aves a tamaño natural para el National Trust de las islas Farne.

ESPECIALISTAS

Erik Gregersen es el especialista de Britannica en astronomía y exploración espacial. Ama la astronomía porque en ella siempre encuentra algún nuevo y sorprendente descubrimiento.

Melissa Petruzzello es la especialista de Britannica en ciencias de las plantas y del medio ambiente. Ama la fotosíntesis y cómo las plantas y otros fotosintetizadores se las componen para sustentar casi todas las formas de vida de nuestro bello planeta.

John P. Rafferty es el especialista de Britannica en la Tierra y sus procesos. Le fascina comprobar cómo la Tierra y sus organismos vivos interactúan, se influyen y cambian sin cesar.

Kara Rogers es la especialista de Britannica en biomedicina y en salud y enfermedades humanas. Le fascina comprobar hasta qué punto pequeñas moléculas en las células humanas afectan al cerebro y al cuerpo.

Papel certificado por el Forest Stewardship Council®

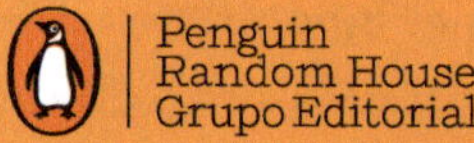

Título original: *Britannica First Big Book of Why*
Primera edición: octubre de 2023
Segunda reimpresión: marzo de 2025

Publicado por primera vez en Reino Unido en 2021

«Bichos», «Mascotas», «Animales salvajes» y «El cuerpo» escritos por Sally Symes
«Comida», «Cómo funcionan las cosas», «La Tierra» y «El espacio» escritos por Stephanie Warren Drimmer
Ilustrado por Kate Slater
Arte dirigido y diseñado por Sally Symes
Editado por Priyanka Lamichhane
Investigación de imágenes por Miriam Stein Battles y Sally Symes
Indexado por Connie Binder
Producción de libros y producción impresa por booklabs.co.uk

Enciclopedia Britannica: Alison Eldridge, editora en jefe; Erik Gregersen, editor sénior, Astronomía y Exploración Espacial; Melissa Petruzzello, editora adjunta de Plantas y Ciencia medioambiental; John P. Rafferty, Editor, Ciencias de la Tierra y la Vida; Kara Rogers, editora sénior, Ciencias Biomédicas; Michele Rita Metych, supervisora de verificación de datos

Britannica Books
Nancy Feresten, editora; Natalie Bellos, editora ejecutiva; Meg Osborne, editora asistente;
Andy Forshaw, director de arte

Printed in Spain – Impreso en España

ISBN: 978-84-19501-56-1
Depósito legal: B-13.738-2023

Compuesto en Comptex&Ass., S. L.
Impreso en Liber Digital, S.L.
Casarrubuelos (Madrid)

GT 0 1 5 6 1